KLARTEXT

Bibliografische Information der Deutschen Nationalbibliothek
Die Deutsche Nationalbibliothek verzeichnet diese Publikation in der Deutschen Nationalbibliografie; detaillierte bibliografische Daten sind im Internet über portal.dnb.de abrufbar.

Impressum
1. Auflage Oktober 2022
Layout und Satz: Achim Nöllenheidt
Umschlaggestaltung: Guido Klütsch, Köln
Umschlagabbildungen: Adobe Stock: @Blickfang, @Quade; Thüringer Allgemeine: /Sascha Fromm; Mirko Krüger; Imago: /Future Image
Druck und Bindung: Linsen Druckcenter GmbH, Siemensstraße 12–14, 47533 Kleve

© Klartext Verlag, Essen 2022
ISBN 978-3-8375-2507-6

KLARTEXT

Jakob Funke Medien Beteiligungs GmbH & Co. KG
Jakob-Funke-Platz 1, 45127 Essen
info.klartext@funkemedien.de
www.klartext-verlag.de

Mirko Krüger

Thüringen

. . . .

**Populäre Irrtümer
und andere Wahrheiten**

Inhalt

Zum Geleit

. . . .

Wir Thüringer sind ein bescheidenes Völkchen. Wir prahlen nicht. Uns genügt es zu wissen, dass wir der Welt nicht nur Bachs Musik und die Weimarer Klassik beschert haben, sondern auch die Bratwurst – also praktisch die gesamte Hochkultur.

Dieses Büchlein versammelt populäre Irrtümer und andere Wahrheiten über ein Land, das als grünes Herz Deutschlands gerühmt wird und in dem ein Kirchturm noch schiefer steht als der Turm von Pisa. Dass Luther auf der Wartburg das moderne Deutsch begründet hat, ist wohlbekannt. Aber wussten Sie auch, dass die älteste bekannte Siedlung der Menschheit hier entdeckt worden ist? Haben Sie schon mal davon gehört, dass Thüringen ein Königreich war? Und wie steht es um uns heutige Thüringer? Wie leben, wohnen und arbeiten wir?

Blick von der Zitadelle Petersberg auf Erfurt

Mit diesem Buch nehme ich Sie mit auf eine Reise durch Raum und Zeit. Ich möchte Sie unterhalten, ohne Ihre Intelligenz zu beleidigen. Besonders gern werfe ich Fragen auf, deren Antwort wir bereits zu kennen glauben. Dann aber, bei genauerem Hinsehen zeigt sich, dass es um die Sache mitunter ganz anders bestellt ist als angenommen. Und dennoch bleiben Fragen offen. Populäre Irrtümer, die es allein schon aus Platzgründen nicht umfänglich ins Buch geschafft haben, gibt es einige. Etwa diesen: Stimmt es, dass die Amerikaner nach dem Zweiten Weltkrieg das von ihnen befreite Thüringen gegen Westberlin eingetauscht haben? Nein, das haben sie nicht.

Ich möchte Sie einladen zum Dialog. Was gefällt Ihnen an diesem Buch, was nicht? Welche frechen Fragen vermissen Sie? Welchen Geschichten sollte ein künftiges Buch unbedingt auf den Grund gehen? Ich freue mich auf Ihre Post an mirko.krueger@aol.com

Und nun viel Vergnügen beim Schmökern!

Zahlen & Fakten

2.108.863 **Einwohner** hatte Thüringen zu Jahresbeginn 2022. Anno 1990 waren es noch rund eine halbe Million mehr.

3,26 **Personen** leben durchschnittlich in einer Familie.

47,5 **Jahre** sind die Thüringer im Durchschnitt alt. Bei den Männern beträgt dieser Wert 44,4 und bei den Frauen 49,1 Jahre. Bundesweit liegt das Durchschnittsalter der Gesamtbevölkerung bei 44,6 Jahren.

51,0 **Jahre** – mit diesem Wert weist Suhl unter allen kreisfreien Städten und Landkreisen Deutschlands das höchste Durchschnittsalter auf. Die Jenaer sind mit durchschnittlich 40,7 Jahren die jüngsten Thüringer.

83,27 **Jahre** beträgt die Lebenserwartung eines in Thüringen neugeborenen Mädchens. Ein neugeborener Junge kann mit einem Alter von 77,66 Jahren rechnen. Im Vergleich zu Kindern, die zwischen 1988 bis 1990 geboren wurden, entspricht dies jeweils einer Erhöhung um sieben Jahre.

131 Einwohner hat der Freistaat je Quadratkilometer.

1.073 Personen leben in der Stadt Hermsdorf je Quadratkilometer. Dichter besiedelt ist keine andere Gemeinde. Asbach-Sickenberg (Eichsfeld) verzeichnet mit zehn Einwohnern je Quadratkilometer die geringste Dichte.

33 Einwohner hat Kleinbockedra (Saale-Holzland-Kreis). Sie ist damit die kleinste Thüringer Gemeinde.

355.514 Einfamilienhäuser sowie **93.881** Zweifamilienhäuser stehen in Thüringen. Die Gesamtzahl aller Wohnungen beträgt 1.154.272.

82,5 Quadratmeter ist eine Wohnung durchschnittlich groß. Im Eichsfeld sind die Wohnungen am größten (durchschnittlich 96,5 qm), in Gera und Jena am kleinsten (70 qm).

Name, Stadt, Land

Es gibt Fragen, die klingen simpel, sind aber dennoch nicht einfach zu beantworten. Wie soll ein Thüringer zum Beispiel auf die Frage antworten, wo er wohnt? Ist Thüringen die richtige Antwort? Ja, aber …

Machen wir die Probe aufs Exempel. Begeben wir uns in den äußersten Süden des Landes. Hier liegt mit Ummerstadt die kleinste Stadt des Freistaats. Wie geben die 468 Einwohner idealerweise an, wo sie leben? Sie stehen angesichts mehrerer richtiger Möglichkeiten vor der Qual der Wahl. Zum einen können sie treu und brav Ummerstadt sagen. Oder sie verweisen auf ihre Verwaltungsgemeinschaft. Das ist das Heldburger Unterland, zu dem fünf weitere Gemeinden gehören. Antwortmöglichkeit Nr. 3: Sie benennen ihren Landkreis, also Hildburghausen. Schließlich bleibt ihnen noch die gleichermaßen einfachste wie unkonkreteste aller Antworten: Thüringen. Doch gerade letztere Antwort stößt vor Ort durchaus auf Widerworte. Viele Menschen im südlichsten Zipfel Thüringens fühlen sich kulturell wie sprachlich als Franken; der Großteil des Frankenlandes liegt indes in Bayern.

Nein! Doch. Oooh …

Dabei ist es um Thüringens administrative Gliederung gar nicht mal so kompliziert bestellt, wie es das Ummerstädter Beispiel suggeriert. Zum einen gliedert sich der Freistaat in 17 Landkreise – von A wie Altenburger Land bis W wie Weimarer Land. Dazu kommen fünf kreisfreie Städte: Erfurt, Jena, Gera, Weimar und Suhl. Zum anderen bestehen in Thüringen 631 politisch selbstständige Gemeinden, darunter befinden sich 117 Städte.

Doch Stadt ist nicht immer einfach nur Stadt. Allen voran Erfurt. Die Landeshauptstadt gilt als Großstadt. Tatsächlich besteht sie auch aus sage und schreibe 36 Dörfern. Mehr als jede(r) vierte Erfurter(in) lebt deshalb zwar formal in der Stadt, real aber auf dem Land.

So gliedert sich Thüringen administrativ

17 Landkreise und 5 kreisfreie Städte

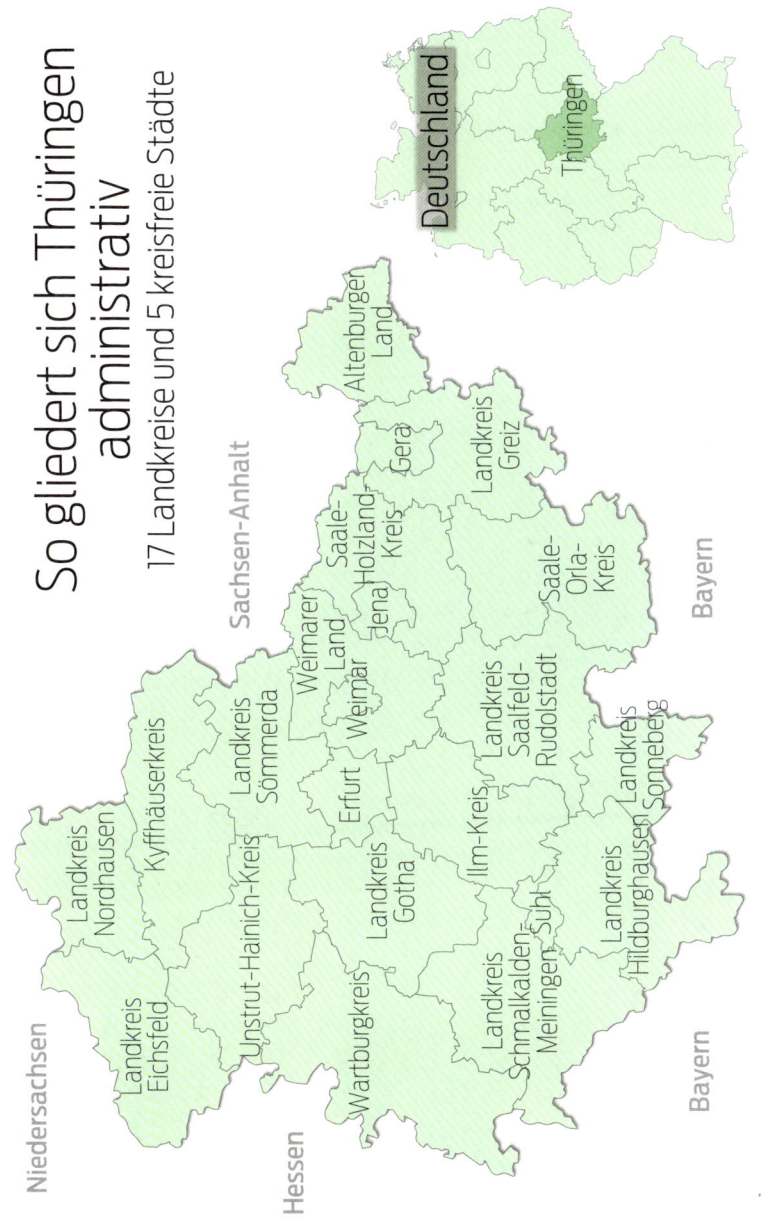

Niedersachsen

Sachsen-Anhalt

Hessen

Bayern

Bayern

Deutschland

Thüringen

Landkreis Eichsfeld

Landkreis Nordhausen

Kyffhäuserkreis

Landkreis Sömmerda

Unstrut-Hainich-Kreis

Wartburgkreis

Landkreis Gotha

Erfurt

Weimarer Land

Weimar

Jena

Saale-Holzland-Kreis

Gera

Altenburger Land

Landkreis Greiz

Saale-Orla-Kreis

Ilm-Kreis

Landkreis Saalfeld-Rudolstadt

Landkreis Schmalkalden-Meiningen

Suhl

Landkreis Hildburghausen

Landkreis Sonneberg

Stars and Stripes

Endete die Kleinstaaterei in Thüringen tatsächlich mit der Gründung des Freistaats am 1. Mai 1920? Wie viele Fürsten- bzw. Herzogtümer gingen eigentlich im neuen Land auf? Dessen damaliges Wappen scheint die Antwort zu liefern. Es zeigt – in bewusster Anknüpfung an das Sternenbanner der USA – sieben silberne Sterne. Ganz so einfach ist es dann doch nicht um die Landesgeschichte bestellt.

Die Nacht vom 8. auf den 9. November 1918 ist die bis dahin turbulenteste in der deutschen Geschichte. Überall im Kaiserreich gärt und brodelt es. Während der Vortage hatten Arbeiter und Soldaten eigene Räte gebildet, nun greifen sie nach der Macht. Sie besetzen Bahnhöfe und Telegraphenämter, sie übernehmen die Kontrolle über Polizeistationen und Militärbehörden, sie kontrollieren Zeitungshäuser. Die Revolution gipfelt am Vor-

Das Landeswappen von 1920 besteht aus sieben Sternen. Sie stehen für jene Frei- und Volksstaaten, aus denen der Freistaat Thüringen entstanden ist. Das Wappen von 1945 zeigt einen goldenen Löwen nebst acht Sternen. Seit 1991 symbolisiert ein von acht Sternen umgebener, gestreifter Löwe das Land.

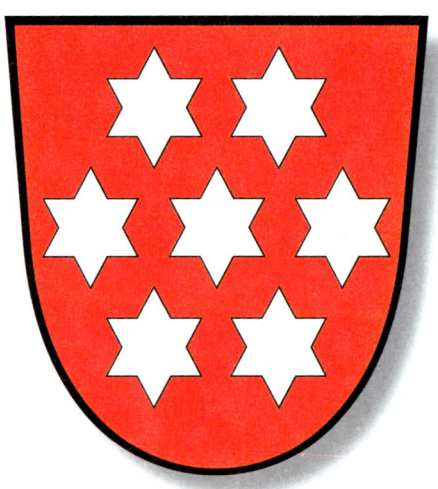

mittag des 9. Novembers in der Abdankung des Kaisers. Wenig später rufen nahezu zeitgleich zwei Politiker die Republik aus. Der Sozialdemokrat Scheidemann nutzt einen Balkon des Reichstages als Bühne, der Spartakist Liebknecht spricht vom Stadtschloss aus zu den Menschen. Soweit die große, aus dem Schulunterricht bekannte Geschichte. Doch sie kennt auch ihre kleine, nicht minder bedeutsame Entsprechung in Thüringen.

Weimar, am 9. November 1918. Hier, in der Residenzstadt des Großherzogtums Sachsen-Weimar und Eisenach, bleibt Großherzog Wilhelm Ernst nach einer Nacht des Aufruhrs keine andere Wahl, als ein Ultimatum zu akzeptieren. Auf Druck der Revolutionäre erklärt er schriftlich: „Dem mir von der Vertretung der Soldaten und Arbeiter wie der Bürger in Weimar aufs ausdrücklichste ausgesprochenen Verlangen, für mich und meine Familie auf den Thron zu verzichten, um den drohenden Bürgerkrieg zu vermeiden, leiste ich Folge und erkläre hiermit, dass ich für mich und meine Familie für alle Zeit auf den Thron und die Thronfolge im bisherigen Großherzogtum Sachsen-Weimar-Eisenach

verzichte." Er ist der erste Thüringer Regent, der abdankt. Binnen drei Wochen folgen ihm die Herrscher der anderen Herzog- bzw. Fürstentümer.

Um wie viele Herrschaftsgebiete handelt es sich überhaupt? Die Thüringenkarte des Jahres 1918 gleicht einem Flickenteppich. Innerhalb der heutigen Landesgrenzen bestehen ein Großherzogtum, drei Herzogtümer sowie vier Fürstentümer nebst Nebenresidenzen und Unterherrschaften. Dazu kommt das in Franken liegende Herzogtum Sachsen-Coburg, das in Union mit Sachsen-Gotha besteht. In beiden Herzogtümern gibt es einen gemeinsamen Landesherren. Damit ist's der Verwirrung aber längst nicht genug: Auch zwei Fürsten üben eine Doppelherrschaft aus. Summa summarum ergibt dies neun Herrschaftsgebiete mit sechs Regenten. Außerdem gehören weite Teile Thüringens dem Königreich Preußen an, insbesondere Erfurt, Mühlhausen, Nordhausen, das Eichsfeld, Suhl sowie die Region um Schmalkalden. Ihr oberster Landesherr ist der preußische König, welcher zugleich deutscher Kaiser ist.

Nun, nach der Abdankung all der Hoheiten, entstehen zunächst acht Thüringer Freistaaten, der Freistaat Coburg sowie der Freistaat Preußen. Damit hören die Fürsten- und Herzogtümer sowie das Königreich Preußen definitiv auf, zu existieren. Bis zur Gründung des Freistaats Thüringen vergehen jedoch weitere anderthalb Jahre. Vorerst kommt es nur zu einer kleinen administrativen Veränderung. Die beiden Ostthüringer Freistaaten Greiz und Gera vereinen sich zu einem Volksstaat. Zugleich manifestiert sich immer stärker der Wunsch nach einem vereinten Thüringen.

Am 1. Mai 1920 ist es soweit. Sechs Freistaaten sowie der Volksstaat schließen sich zum Freistaat Thüringen zusammen. Nicht mit von der Partie sind der Freistaat Coburg sowie die thüringischen Gebiete Preußens. Die Coburger hatten sich per Volksabstimmung für die Zugehörigkeit zu Bayern entschieden. Preußen war wiederum nicht gewillt, Territorien abzutreten. Statt einem großen Land entsteht somit nur ein Klein-Thüringen.

Das damalige Landeswappen spiegelt diese Situation wider. Dessen sieben Sterne stehen für die sieben Gründerstaaten, welche ihrerseits aus acht Herzog- und Fürstentümern hervorgegangen sind. Erst 1945 ändert sich diese Situation. Unmittelbar nach dem Zweiten Weltkrieg entsteht ein großes Thüringen, nun unter Einbeziehung der preußischen Gebiete. Im Juli 1945 erhält das Land ein neues Wappen. Es zeigt einen goldfarbenen Löwen, der nun folgerichtig von acht Sternen umgeben ist.

Mit Gründung der DDR bleibt das Land Thüringen bestehen – zumindest der Papierform nach. Die Verfassung von 1949 schreibt fest: „Deutschland ist eine unteilbare Republik; sie baut sich auf den deutschen Ländern auf." Allerdings verlieren die ostdeutschen Länder ihre gesetzgeberische Gewalt an die Berliner Volkskammer. Nach nur drei Jahren dekretiert die DDR-Regierung: „Das noch vom kaiserlichen Deutschland stammende System der administrativen Gliederung in Länder mit eigenen Landesregierungen sowie in große Kreise gewährleistet nicht die Lösung der neuen Aufgaben unseres Staates." Fortan übernehmen in Thüringen drei Bezirke (Erfurt, Gera, Suhl) sowie 36 ihnen nachgeordnete Kreise die Verwaltung. Praktisch hört das Land damit auf zu existieren.

1990 beschließt die Volkskammer der DDR ein „Verfassungsgesetz zur Bildung von Ländern". Damit legt sie eine der Grundlagen für die deutsche Wiedervereinigung. Am 3. Oktober 1990 gründet sich der Freistaat Thüringen neu. Drei Monate später gibt sich das Land ein Wappen. Es zeigt nicht nur acht Sterne, sondern ebenfalls einen achtfach von Rot und Silber gestreiften Löwen. Wer sich erneut an „Stars and Stripes" erinnert fühlt, an die US-Flagge also, liegt nunmehr falsch. Der sogenannte bunte Löwe war bereits im frühen 13. Jahrhundert das Wappentier der Thüringer Landgrafen.

Wer waren die ältesten Thüringer?

Vor rund 370.000 Jahren siedelten Steinzeitmenschen nahe Bilzingsleben. Ihr Name ist Homo erectus, was so viel bedeutet wie aufrecht gehender Mensch. Würden wir Homo erectus als unsere direkten Ahnen ansehen – was sie nicht sind –, müssten wir 18.500 Mal ein Ur vor Oma und Opa schreiben. Wissenschaftlern gelang es, ihr Antlitz zu rekonstruieren.

Anthropologen sind nicht einfach nur Naturwissenschaftler, die die Entstehung und Veränderung des Menschen erforschen. Einige von ihnen verstehen sich zugleich darauf, ihre Erkenntnisse humorvoll und damit eindringlich anderen Menschen zu vermitteln. Zum Beispiel, indem sie uns in Rollenspiele verwickeln. Etwa derart: Was geschieht, wenn man Homo erectus das Haar stutzt, in Jeans und ein Oberhemd kleidet, ein Basecap aufsetzt und mit auf eine Party nimmt? Die verblüffende Antwort lautet: vermutlich nichts! Abgesehen davon, dass sein muskulöser Körperbau manch bewundernden Blick auf sich ziehen würde, könnte sich unser Verwandter in aller Ruhe über Bratwurst und Steaks hermachen. Was man eben so tut, wenn man sich sein Leben lang – wir kommen darauf noch zu sprechen – vor allem von tierischen Proteinen ernährt.

Wie sah Homo erectus aus? Aufschluss könnte ein Schädelfund geben, der vor über 200 Jahren im Steinbruch von Bilzingsleben glückte. 1818 beschrieb der Geologe Ernst Friedrich von Schlotheim diesen Totenkopf in einem mineralogischen Fachbuch. Er hielt fest, dass der Schädel mit „Kalktuff verwachsen und überzogen" ist. In der Konsequenz bedeutete dies: Da der Schädel in Gesteinsschichten lag, die Hunderttausende Jahre alt

Gestatten, Homo erectus! Ein Abbild des Urmenschen begrüßt die Besucher der museal gestalteten Ausgrabungsstätte in Bilzingsleben.

waren, muss dieser Mensch lange vor der Sintflut gelebt haben. Diese Schlussfolgerung erscheint aus heutiger Sicht naheliegend. Damals barg sie enormen geistigen Sprengstoff. Noch lautete die gängige Überzeugung, dass zwar Tiere und Pflanzen fossil sein können, nie und nimmer aber der Mensch. Die Krone der Schöpfung weilte angeblich erst seit etwa 6000 Jahren auf Erden.

Einige Monate vor seiner Veröffentlichung hatte sich Schlotheim mit Goethe getroffen. Der Dichter trug daraufhin in sein Tagebuch ein: „besonders über Fossilien gesprochen". In einer weiteren Notiz hielt Goethe fest: „Uns beschäftigen die fossilen Reste gar sehr; in unsern Tuffsteinlagern finden wie Elephanten, Rhinoceros, Hirsche und Pferde." Ging es in dem Gespräch mit Schlotheim auch um den menschlichen Schädel? Goethes Tagebuch verrät es nicht.

Damit ist's der offenen Fragen aber längst nicht genug. Die wichtigste ist diese: Wie alt ist der Schädel aus Schlotheims Besitz? Mit modernen Methoden fiele es leicht, ihn zu datieren. Indes, es gibt ein Problem: Der Schädel gilt als verschollen. Wissenschaftler halten es für nicht ausgeschlossen, dass ihn Schlotheim selbst irgendwo begraben hat. Die Zeit war offenbar noch nicht reif für die Erkenntnis, dass auch der Mensch uralte Vorfahren besaß.

Es sollten anderthalb Jahrhunderte vergehen, ehe in Bilzingsleben erneut der Fund menschlicher Fossilien gelang. 1972 grub Dietrich Mania das handtellergroße Bruchstück eines Hinterhauptbeines aus. In den folgenden 32 Jahren konnten Mania und sein Team einen Lagerplatz des Homo erectus freilegen. Seither wissen wir, wie diese Urmenschen lebten, wie sie sich ernährten und dass sie über technische sowie intellektuelle Fähigkeiten verfügten. Das mittlerweile zum Museum gestaltete Areal gewährt sensationell anmutende Einblicke in eine Epoche, in der der Mensch zum Menschen wurde. Es gab klar voneinander getrennte Wohn- und Arbeitsbereiche sowie eine steinzeitliche Müllhalde mit Unmengen an Knochenabfällen. Mit ihrer Hilfe lässt sich die Speisekarte der Ur-Thüringer rekonstruieren. Auf ihr haben vor allem große Tiere gestanden, darunter 130 Waldnashörner, 60 Waldelefanten und 25 Wildrinder. Auch wenn wir heutzutage andere Tiere verzehren, verbindet uns mit Homo erectus offenbar die Lust am Grillen. Daran, dass die Ur-Thüringer ihr Fleisch gebrutzelt haben, besteht kaum Zweifel. Feuerstellen gab es im Lager mehrere.

Trotz der weltweit einmaligen Komplexität ihrer Funde blieb den Ausgräbern die erneute Entdeckung eines Schädels oder gar Skeletts der Urmenschen versagt. Immerhin traten zahlreiche Bruchstücke von Schädeln zu Tage: 28 Knochenfragmente, ein rechter Unterkiefer sowie acht Zähne. Ihr Zustand legt nahe: Die Köpfe waren absichtlich zertrümmert worden.

Sind die Knochen nichts anderes als die Überbleibsel eines kannibalisch anmutenden Rituals? Gut möglich, dass die Altvordern die Gehirne ihrer Verstorbenen verzehrt haben. Eventuell hegten sie die Hoffnung, dass sich deren Geist auf sie überträgt. Derart motivierte Schädelöffnungen wurden noch in der Mitte des 20. Jahrhunderts von einem pazifischen Naturvolk praktiziert. Auch wenn dies einen inhumanen Blick auf Homo erectus eröffnen mag: Ein solcher Kult wäre der Beweis dafür, dass sich die Steinzeitmenschen ihrer selbst in einem hohen Maße bewusst waren.

Aus dem Großteil der menschlichen Fossilien von Bilzingsleben rekonstruierte der Anthropologe Emanuel Vlček zwei Schädeldächer. Vermutlich gehören die weiteren Knochen zu einem, eventuell auch zu zwei Urmenschen. Vlček konnte sich bei seiner Arbeit an Schädelfunden des Homo erectus aus Afrika und Asien orientieren. Letztlich entstand ein aussagestarkes Abbild des Bilzingslebener Urmenschen. Es zeigt uns einen Mann mit flacher Stirn und einer kräftigen Wulst über den Augen. Sein Schädel ist etwas breiter als bei Homo sapiens. Sogar das Hirnvolumen konnte der Anthropologe bestimmen. Es maß rund einen Liter. Heutige Menschen kommen auf 1,2 bis 1,4 Liter.

Wann der Thüringer Homo erectus ausstarb, ist unklar.

Wie wir zu Häuslebauern wurden

**Yabba Dabba Doo! Seit fünf Jahrzehnten ist dieser Ausruf welt-
berühmt. Ein gewisser Fred Feuerstein bringt damit fortwährend
seine Begeisterung zum Ausdruck. Yabba Dabba Doo! Dank der
Zeichentrickserie wissen wir sogar ziemlich genau, wie die Steinzeitmenschen gehaust haben. Sie wohnten keineswegs in Höhlen,
sondern in Steinhäusern, die Fenster und Türen besaßen. Sogar
Gärten gab es ringsum. Ach ja?**

Yabba Dabba Doo! Gut möglich, dass vor rund 370.000 Jahren
nahe Bilzingsleben (Landkreis Sömmerda) ein ähnlich freudvoller
Ruf erschallt ist. Damals ließen sich echte Steinzeitmenschen an
einem See nieder. Rund 200 mal 300 Meter war das Gewässer
groß, es wurde fortwährend von einer Quelle gespeist. In den
See ragte eine flache Halbinsel. Kurzum: Die Altvordern waren
auf eine Wohnlage gestoßen, die auch heutige Thüringer be-
geistern würde.

An dem See entstand die älteste bekannte Siedlung der
Menschheit. Dass sie ausgerechnet zu einem Zeitpunkt entdeckt
wurde, da die amerikanische Serie „Familie Feuerstein" auch über
deutsche Bildschirme flimmerte, ist Zufall. Seit den 1970er Jahren
legten Ausgräber den komplex strukturierten Lagerplatz frei. Ihre
Funde lassen erahnen, dass Familie Homo erectus – so ihr wissen-
schaftliche Name – rund 20 Jahre lang am See gelebt hatte. Nahe
dem Ufer standen drei kreisförmige Wohnbauten mit drei bis vier
Metern Durchmesser. Erhalten geblieben sind ringförmige Strukturen aus Steinen und Knochen. Mit ihnen hatte Homo erectus das
Fundament für eine Konstruktion aus Stangen gelegt, welche mit
Gräsern abgedichtet worden sein dürfte. Wahrscheinlich hat in
jeder Hütte eine Familie gelebt.

Ähnlich rustikale Bauten werden von indigenen Gruppen in Afrika noch immer bewohnt. In Bilzingsleben fällt zweierlei auf. Zum
einen zeigten die Eingänge nach Südosten, zur windabgewandten

Seite. Direkt vor den Öffnungen befand sich jeweils eine Feuerstelle. Zum anderen lag in zwei der drei Hütten der Stoßzahn eines Waldelefanten. Eventuell waren mit ihnen die Eingänge besonders markiert oder aber die Hütten zusätzlich abgestützt worden.

Dass wir so detailliert über diese steinzeitlichen Einfamilienhäuser informiert sind, hat mit einer Laune der Natur zu tun. Der Wasserspiegel des Sees begann allmählich zu steigen. Schließlich wurde auch das urmenschliche Lager überflutet. Da das Wasser sehr kalkhaltig war, lagerten sich am Grund immer mächtiger werdende Travertinschichten ab. Sie konservierten die Siedlung bis in die jüngste Vergangenheit.

Zwischen dem Homo erectus von Bilzingsleben und den nächsten bekannten Nachweisen steinzeitlichen Wohnens in Thüringen klaffen rund 350.000 Jahre. Vier herausragende Fundstätten befinden sich in Ostthüringen: die Ilsenhöhle an der Burg Ranis, die Teufelsbrücke bei Saalfeld sowie die Kniegrotte und die Urdhöhle bei Döbritz. In all diesen Höhlen – auch die Teufelsbrücke war bis zu ihrem Teileinsturz eine solche – entdeckten Archäologen umfängliche Spuren für deren Nutzung durch eiszeitliche Jäger. Dazu gehören Steingeräte und zerschlagene Tierknochen, aber auch Feuerstellen sowie aus Tierzähnen und Muscheln gefertigter Schmuck. An der Kniegrotte ließ sich zudem nachweisen, dass sich die Menschen auch außerhalb der Höhle häuslich eingerichtet hatten. Sie pflasterten den Bereich unmittelbar vor der Grotte und schufen damit einen Platz, der an Terrassen erinnert.

Obwohl die Jäger die Vorzüge der massiven, natürlichen Behausungen zu schätzen wussten, waren sie auch Häuslebauer. Das zeigte sich zum Beispiel nahe Oelknitz. Hier legten Archäologen auf einer Hochfläche an der Saale das Lager einstiger Wildpferdjäger frei. Sie entdeckten unter anderem ringförmige Strukturen. Es handelte sich um die verrotteten Überreste armdicker Holzstangen, die ins Erdreich eingegraben sowie zusätzlich mit Steinen verkeilt worden sind. Diese Spuren fügten sich zu den Grundrissen dreier Bauten mit Durchmessern zwischen fünf und sechs Metern. Vermutlich handelte es sich um Jurten, wie sie bei Nomaden in

Zentralasien im Gebrauch sind. Während der Bilzingslebener Homo erectus die Lagerfeuer noch vor seinen Hütten entfacht hatte, loderten die Flammen bei den Wildpferdjägern in den Jurten. Diese Feuerstätten haben nicht allein der Zubereitung von Nahrung gedient. Sie sind zugleich die ältesten bekannten Heizungen im Gebiet von Thüringen.

Ein regelrechter Bauboom setzte in der Jungsteinzeit ein. Die sich vor rund 7500 Jahren rasch ausbreitende Bauernkultur hatte mit dem Nomadenleben nichts mehr im Sinn. Häuser von enormen Ausmaßen entstanden, oft waren sie bis zu 40 Meter lang sowie 8 Meter breit. Von deren Existenz wusste man in Thüringen bis zu Beginn der 1990er Jahre nichts. Dann aber, im Zuge der Planung neuer Autobahnen sowie von Industrie- und Gewerbegebieten, glückten sensationelle Befunde. Dazu trug eine besondere Methode der Archäologen bei. Sie ließen überall dort, wo gebaut werden sollte, das oberflächennahe Erdreich mit Hilfe von Maschinen abziehen. Dadurch ließ sich großflächig in tiefere, unversehrte Erdschichten blicken.

Dabei trat nahe Gispersleben (Erfurt) das älteste bekannte Dorf Thüringens zu Tage. Wenigstens 20 Wohnbauten hatten zu ihm gehört. In Gänze sind diese Häuser zwar nicht erhalten geblieben. Aber immerhin zeichneten sich ihre Umrisse als dunkle Strukturen in dem sie umgebenden, helleren Boden ab. Bei den Verfärbungen handelte es sich um die Überreste eingegrabener Baumstämme. Rund 100 bis 120 dieser Einzelspuren fügten sich jeweils zu rechteckigen Hausgrundrissen. Die tragenden Stämme

Die Grundrisse der einstigen Häuser lassen sich mit Hilfe von Pfostenlöchern nachvollziehen – wie hier am Erfurter Stadtrand.

bestanden aus Eiche; sie waren rund einen halben Meter dick. Dazwischen standen dünnere Pfosten. Der Materialverbrauch für jedes Haus war enorm. Dutzende Bäume galt es zu fällen, Hunderte Pfosten und Dachlatten waren zu bearbeiten. Dafür standen allein Steinbeile zur Verfügung. Offenbar wurden die Zwischen-

Rekonstruktion eines bronzezeitlichen Hauses

räume zwischen den Pfosten mit Geflecht ausgefüllt, welches wiederum mit Lehm verputzt worden ist. Darauf deuten Lehmgruben hin, die nahebei angelegt worden sind. Haben die jungsteinzeitlichen Bauern quasi das Fachwerkhaus erfunden? Es scheint so.

Sogar die Aufteilung und Nutzung dieser mit Schilf oder Stroh gedeckten Häuser ließ sich belegen. In ihnen lebten Menschen

und Tiere zugleich, aber in klar voneinander getrennten Bereichen. Da, wo sich die Stallungen befanden, ist die Phosphatkonzentration im Boden extrem hoch. Sie ist die Folge von Ausscheidungen der Tiere. Letztlich erklärt sich durch die Doppelfunktion der Gebäude ihre teils enorme Länge. Ein bei Ingersleben (Landkreis Gotha) entdecktes Gebäude maß sage und schreibe 70 Meter.

Das Langhaus bzw. Wohnstallhaus blieb über viele Jahrhunderte hinweg die dominante Bauform. Vor allem aus der Bronzezeit (etwa 2300 bis 800 vor Christus) gibt es zahlreiche Nachweise. Bei Schlossvippach (Landkreis Sömmerda) entdeckten Archäologen sechs nahezu vollständige und mehrere fragmentarische Grundrisse. Nahe Artern (Kyffhäuserkreis) konnten sie acht Langhäuser dokumentieren; offen muss bleiben, ob diese Häuser gleichzeitig gestanden haben. Auch in Urbach (Landkreis Nordhausen), in Berlstedt (Weimarer Land) und in Höngeda (Unstrut-Hainich-Kreis) existierten solche Gebäude.

Wie die Altvordern bauten und lebten, lässt sich eindrucksvoll in Westgreußen (Kyffhäuserkreis) nacherleben. Hier steht die originalgetreue Rekonstruktion der Funkenburg. Vor rund 2300 Jahren war die Wehrsiedlung erstmals aus Holz errichtet worden. Innerhalb eines Rings aus Palisaden sowie geschützt durch Wach- und Tortürme standen 50 Häuser. Sie waren allerdings nicht mehr derart lang wie in der Bronzezeit. Das größte Haus der Funkenburg maß 12 mal 8 Meter. Das kommt den Wunschvorstellungen heutiger Häuslebauer sehr nahe. Die durchschnittliche Grundfläche eines modernen Einfamilienhauses liegt ebenfalls bei rund 100 Quadratmetern. Yabba Dabba Doo!

Die Thüringer Venus

Sie ist nicht mal fingerlang, gilt aber als einer der großen Funde aus der Altsteinzeit in Thüringen. Vor mehr als 14.000 Jahren schnitzte ein unbekannter Künstler eine Frauenfigur aus Elfenbein. Ist sie eine Vorwegnahme der im 20. Jahrhundert berühmt gewordenen Pin-up-Girls?

Die Venus von Oelknitz ist lediglich vier Zentimeter lang. Sie kann im Original im Museum für Ur- und Frühgeschichte Thüringens bestaunt werden.

Sie jagten Waldelefanten und -nashörner, sie erlegten Hirsche und Bären, später gehörten Rentiere und Wildpferde zu ihrer bevorzugten Beute. Über Hunderttausende von Jahren hinweg wissen wir dank archäologischer Funde, was auf dem Speiseplan der Altvordern stand. Selbst die Umstände ihrer Jagd können wir nachvollziehen. Immer wieder zogen steinzeitliche Jäger durch Thüringen, während ihre Familien in Höhlen und Jurten zurückblieben. Mitunter waren die Männer tagelang unterwegs. Dann schlugen sie kleine Lager auf, entzündeten Feuer und brutzelten sich Steaks.

Nur eines, das scheint für immer und ewig im Dunkel der Geschichte versunken zu sein. Worüber sprachen die Jäger im Feuerschein? Erzählten sie sich ihre Abenteuer? Weilten sie in Gedanken bei ihren Familien? Nahmen sie hin und wieder Frauenfiguren zur Hand, um sich an molligen Gesäßen und anderen sexuellen Merkmalen zu erfreuen?

Archäologen konnten hierzulande ein Dutzend steinzeitlicher Statuetten bergen. Auffällig an den sehr handlichen Figuren ist zweierlei. Zum einen zeigen die ältesten bekannten Menschendarstellungen aus Thüringen stets Frauen. Zum anderen reduzieren sie deren Figur auf weitausladende Gesäße und mitunter auch auf Brüste. Das legt nahe, dass diese Abbilder einem Fruchtbarkeitskult gedient haben. Spielte die Erotik dabei eine Rolle? Wir können darüber nur mutmaßen. Sicher ist: Ähnliche Darstellungen sind aus anderen Teilen Europas bekannt – von Südfrankreich bis in die Ukraine. Sie entstammen dem sogenannten Magdalénien. Diese Phase der Altsteinzeit begann vor etwa 20.000 Jahren und endete vor rund 14.000 Jahren.

Nahe Oelknitz (Saale-Holzland-Kreis) befand sich ein Lager nomadenhaft lebender Jäger. Aus den dortigen Funden ragt die sogenannte Venus heraus. Während andere Thüringer Statuetten aus Stein bestehen, wurde diese Figur kunstvoll aus dem Elfenbein eines Mammuts geschnitzt. Sowohl die Fingerfertigkeit als auch die Abstraktionsfähigkeit des Künstlers müssen enorm gewesen sein. Seine Venus erinnert an ein Werk der Moderne.

Als man uns Toringos nannte

Wer ist Thüringer? Die Antwort fällt heutzutage leicht: Ein jeder Mensch, der in Thüringen geboren wurde, darf sich so nennen. Doch woher stammt dieser Name überhaupt? Und seit wann ist er gebräuchlich?

Die älteste bekannte Erwähnung ihres Namens haben die Thüringer einem römischen Senator zu verdanken. Flavius Vegetius Renatus lebte an der Wende vom 4. zum 5. Jahrhundert. Vermutlich im Jahre 395 verfasste er ein Buch über die Tierheilkunde; in ihm spielen Pferde eine besondere Rolle. In dem auf Latein abgefassten Werk heißt es unter anderem: Equos Toringos et Burgundiones, Romanæ militiæ aptos veluti ad bellum, ob injuriarum tolerantiam. Zu gut deutsch: Die Pferde der Thüringer und der Burgunder eignen sich gut für den römischen Kriegsdienst, da sie robust gegen Verletzungen sind.

Zumindest zwei Aspekte gilt es festzuhalten. Zum einen hat Flavius Vegetius Renatus kein Buch über die Thüringer geschrieben; er hat sie lediglich beiläufig erwähnt. Zum anderen hat der Autor den Namen Toringos nicht frei erfunden, dieser hatte sich vielmehr bereits bis in die Hauptstädte des geteilten Römischen Reichs – Rom und Byzanz (Konstantinopel) – herumgesprochen. Der Name muss also schon zuvor geläufig gewesen sein. Doch seit wann sprach man von den Thüringern?

Die, um die es geht, können wir nicht befragen. Sie haben ihr Leben nicht selbst in Schriftform überliefert. Dass die Thüringer nach Flavius' Ersterwähnung immer wieder namentlich in Schriften genannt werden, war zunächst allein ausländischen Autoren zu verdanken. Mal schrieben sie von Toringus und Thoringiis, mal von Thuringos und Duringos sowie von Thoringorum. Die unterschiedlichen Schreibweisen sollten rückblickend nicht verwundern. Vor anderthalb Jahrtausenden gab es noch keine normierte Rechtschreibung. Insbesondere Eigennamen hielt man entsprechend der Lautsprache fest, welche naturgemäß stark variiert haben dürfte.

Generationen von Geschichtsschreibern und Sprachwissenschaftlern haben seither versucht, den Wortstamm zu entschlüsseln. Um es klipp und klar zu sagen: Nichts Genaues weiß man nicht. Die Herleitung des Namens von einem Flussnamen (Tyra) wurde ebenso für möglich gehalten wie der Verweis auf ein hügelreiches Land (Dur). Schmeichelhaft mutet an, dass der Wortstamm auch für „machtvoll" stehen kann. Eine andere Theorie haben Wissenschaftler inzwischen verworfen. Ihr zufolge waren die Thüringer aus den Hermunduren hervorgegangen. Dieser germanische Stamm lebte zu Beginn der modernen Zeitrechnung auch im Gebiet des heutigen Thüringens. Sprachexperten meinten zwischenzeitlich, dass das Wort Hermunduri zu Duri verkürzt worden war, was wiederum den Wortstamm von Thüringer ausmachen würde.

Gewiss ist nur eines: Die Herausbildung des Volkes der Thüringer fiel in eine historische Periode, die weniger von Kontinuität denn von Wandel geprägt war. Die Hunnen expandierten gen Westen. Das Römische Reich zerfiel zusehends. Ganze Völker oder doch zumindest deren Heeresverbände begannen zu wandern. Davon blieb auch das Gebiet des heutigen Thüringens nicht unberührt. Hier siedelten sich im 3. und 4. Jahrhundert größere Gruppen der Angeln und der Warnen an. Beide germanischen Stämme waren zuvor im Nord- und Ostseeraum beheimatet. Sind sie die wahre Keimzelle der Thüringer?

Bislang ist die Erforschung ethnischer Prozesse vor allem an Schriftquellen gebunden. Das im Falle der frühen Thüringer bestehende Defizit lässt sich mit Hilfe archäologischer Befunde nur zum Teil ausgleichen. Archäologen sprechen angesichts vieler Ungewissheiten oft lieber von Kulturkreisen statt von Völkern. Derartige Kulturen lassen sich zum Beispiel mit Hilfe ihrer typischen Gebrauchsgegenstände, insbesondere Keramiken, beschreiben. Auch Kleidung und Waffen sowie die Art und Weise, wie man Tote bestattete, lassen Zusammengehörigkeit bzw. Unterschiede erkennen. Offen bei diesen Denkmodellen bleibt aber zumeist eine wesentliche Frage. Handelt es sich lediglich um importierte Kulturen – oder belegen diese Sachzeugnisse vielmehr, dass Völker wanderten und ihre tradierte Lebensweise andernorts fortgesetzt haben?

Groß sind die Hoffnungen, die auf einem noch jungen Wissenschaftszweig ruhen. Die Archäogenetik kann aus der Analyse von Gebeinen mitunter sehr detaillierte Informationen über verwandtschaftliche Beziehungen und geografische Herkünfte gewinnen. Die DNA-Sequenzen liefern nicht nur Informationen über das konkrete Individuum, sondern auch über dessen Eltern, Großeltern, Urgroßeltern … Auf dieser Datenbasis lassen sich durchaus historische Migrationsbewegungen nachvollziehen. Kurzum: Mit Hilfe der Archäogenetik werden Antworten auf Fragen möglich, die bisher als schwierig, wenn nicht gar als unlösbar erschienen. Fragen wie: Wer waren die ersten Thüringer?

Die Pferde der Thüringer

Sieht dieser Schimmel aus wie jene Pferde, denen die Thüringer ihre Ersterwähnung verdanken? Ähnelt die heutige Rasse „Sächsisch-Thüringisches Schweres Warmblut" jenen lateinisch benannten Equos Toringos? Wir wissen es nicht. Der spätantike Autor nannte lediglich ein Detail, und das war die Widerstandsfähigkeit dieser Pferde. Aus einer weiteren, um das Jahr 500 entstandenen Schrift erfahren wir immerhin, dass es sich um silberfarbene Tiere gehandelt haben soll. Beide genannten Eigenschaften passen zu vielen Rassen – auch zu den Thüringer Warmblütern. Der Pferdezuchtverband Sachsen-Thüringen e.V. hält in seinem Zuchtprogramm ausdrücklich fest: „Erwünscht ist eine robuste Gesundheit, physische und psychische Belastbarkeit." Die Thüringer erscheinen überwiegend als Rappen und Braune, ebenso gibt es Schimmel.

Der Untergang des Königreichs

Preußen war eine Monarchie, auch in Sachsen und Bayern regierten Könige. Selbst Hannover hatte sich zum Königreich erklärt. Aber Thüringen, nein, dieses von Kleinstaaterei geprägte Land kannte keine eigenen Könige. Von wegen! Allerdings starb der letzte Regent bereits vor rund 1500 Jahren.

„O du trauriges Los des Krieges, du neidisches Schicksal, wie plötzlich stürzen Reiche zu Boden (…) Nicht allein Troja hat seinen Untergang zu beweinen. Ein ebensolches Blutbad hatte auch das Land der Thüringer zu erleiden. (…) Ein jeder hat sein eigenes Leid gehabt. Ich aber trug das Leid von allen. Der Schmerz des Reiches ist zugleich mein eigener Schmerz. Gut gemeint hat es das Schicksal mit den Männern, welche der Feind getötet hat. Ich allein habe alle überlebt und ich lebe, um sie zu beweinen."

Ausgangs des 6. Jahrhunderts notierte der römische Dichter Venantius Fortunatus diese in Briefform abgefassten Zeilen. Sie gingen als „Klagelied der Radegunde" in die Geschichte ein. Was aber beklagt diese Frau? Die Überschrift des lateinischen Originaltextes besagt alles. Sie lautet: „De excidio Thoringiae". Zu gut deutsch: Der Untergang des Thüringer Reiches. Venantius war über ein Jahrzehnt hinweg der engste Vertraute der Nonne Radegunde. Ihm hatte sie ihr abenteuerliches Leben anvertraut. Es begann um das Jahr 520. Damals wurde Radegunde als Tochter eines Thüringer Königs geboren. In ihrer Biografie spiegelt sich das Wohl und Wehe des Reichs klarer wider als in jeder anderen Vita. Diese Geschichte verlangt danach, von Anbeginn an erzählt zu werden. Doch wo soll man beginnen? Mit der Geburt der Kronzeugin? Oder doch schon einige Jahrzehnte eher?

Das Thüringer Königreich bildete sich in der zweiten Hälfte des 5. Jahrhunderts heraus. Chroniken überliefern, dass ein Thüringer Heer anno 451 an der legendären Schlacht auf den Katalaunischen Feldern (nördliches Frankreich) beteiligt war. Um 480 sollen die

Thüringer ihr Herrschafts-gebiet bis an die Donau aus-gedehnt haben. In jenem Jahr plünderten sie Passau. Nach Norden reichte ihr Reich bis nach Nieder-sachsen. Unklar ist, wer der erste König der Thüringer war. Ob es bereits um 460 ein königliches Paar namens Bisin und Basina gab, wie in einer mehr als 100 Jahre spä-ter entstandenen Schrift festgehalten wurde, zweifeln Historiker an. Verlässlich in der Geschichtsschreibung taucht erst für die Zeit um das Jahr 500 ein Bisin als Re-gent auf. Er war Radegundes Großvater und mit einer Menia verheiratet. Das Paar

Wie sah Radegunde aus? Zu Lebzeiten entstandene Abbilder existieren nicht. Dieses Porträt wurde ausgangs des 15. Jahrhunderts in der Schedelschen Weltchronik veröffentlicht.

hatte drei Söhne und eine Tochter. Nach Bisins Tod teilten die männlichen Erben das Reich unter sich auf. Herminafrid übernahm die Oberherrschaft, Baderich und Berthachar wurden Unter-könige.

In jene Zeit fiel die Anbahnung einer machtpolitisch be-gründeten Ehe: Herminafrid heiratete Amalaberga. Sie war die Nichte des Ostgotenkönigs Theoderich, der seinerseits über Teile des Römischen Reichs herrschte. Die Hochzeit bekräftigte das Zu-sammenstehen gegen einen gemeinsamen Feind, gegen die auf Expansion bedachten Franken. Daran änderte auch der Umstand nichts, dass der ostgotische Regent selbst mit einer fränkischen Prinzessin verheiratet war. Amalaberga und Herminafrid gingen in Thüringen zugleich eine Ehe der Kulturen ein. Sie war arianisch (christlich) erzogen worden. Der Bräutigam und seine Brüder ge-

Geschöntes Abbild

Rund 1000 Jahre nach dem Untergang des Thüringer Königreichs ließ der Chronist Wigand Gerstenberg († 1522) ein Porträt der Herrscher zeichnen. Es zeigt Amalaberga mit Herminafrid (l.) und einer eventuellen Zweitfrau namens Chrotild (Mitte). Daneben stehen Baderich und Berthachar (r.). Die Zeichnung entstand nicht auf Basis authentischer Vorlagen. Daraus weist auch das Tragen von Kronen sowie Gewändern hin, die an die Mode des Spätmittelalters erinnern. Auch die Darstellung von Lilien in den Wappen ist eine fiktive Zutat. Lilien sind ein Symbol der fränkischen Könige.

hörten zur „natione barbara de regione Thoringa". Sie galten als Barbaren. Dass der Ostgotenkönig Theoderich seine Nichte nicht allein als „Zierde Eurer königlichen Hofhaltung" und „zur Bereicherung Eures Geschlechts" nach Thüringen gab, unterstreicht ein Brief an „Herminafredo regi Thoringorum". In ihm kündigte er an, dass Amalaberga die Thüringer „durch bessere Unterweisung erziehen" werde. Besaß die aus der Fremde stammende Königin demnach ein Mitspracherecht bei Hofe?

Amalaberga sei ein böses und grausames Weib gewesen, urteilte Jahrzehnte später der fränkische Bischof Gregor von Tours. In seiner vielbändigen Chronik „Decem libri historiarum" beschreibt er die Geschichte Galliens von Anbeginn der Zeit. In diesen Kontext bezieht er den Untergang der Thüringer ein. Immer und immer wieder, so berichtet der Chronist, soll Amalaberga Zwist zwischen Thüringens königlichen Brüdern genährt haben. Als etwa eines Tages ihr Gatte Herminafrid zum Mahle kam, fand er den Tisch nur halb gedeckt vor. Seine Frage, was das bedeuten soll, konterte die Königin: Wer das halbe Reich nicht sein nennt, muss auch den Tisch nur halb gedeckt haben.

Angestachelt durch solche Worte, so wähnt der Bischof, schmiedete Herminafrid mit seinem Erzfeind, dem fränkischen König, eine Intrige gegen seinen Bruder Berthachar. Als es zum Kampfe kam, unterlagen Berthachars Truppen. Herminafrids Bruder verlor sein Leben durch das Schwert. Sofern die Chroniken nicht lügen, ist dies ein wenig erbaulicher Rückblick auf die royalen Wurzeln des heutigen Freistaats. Zumal der dritte König anno 529 ein ähnliches Schicksal erlitten haben soll. Auch Baderich fiel angeblich einer gemeinsamen Intrige Herminafrids und der Franken zum Opfer. Kann das wirklich stimmen? Oder war alles ganz anders? Hat der fränkische Chronist die Ereignisse aus der Perspektive seiner eigenen Könige umgedeutet? Wollte er damit die wiederholten Angriffe der Franken legitimieren? Es lässt sich nicht mehr überprüfen. Als gesichert gilt indes der weitere Lebensweg der verwaisten Kinder Berthachars. Herminafrid und Amalaberga nahmen Radegunde und deren jüngeren Bruder bei sich auf.

Die Zeiten blieben kriegerisch. Bereits 531 zogen die Franken erneut gegen die Thüringer zu Felde. Hilfe vom Ostgotenkönig Theoderich konnte Herminafrid nicht erwarten. Amalabergas Onkel war bereits 526 gestorben; seither kam dessen Reich wegen innerer Machtkämpfe nicht zur Ruhe.

Bis heute gelang es Archäologen nicht, die Entscheidungsschlacht zwischen den beiden Völkern genauer zu lokalisieren. Das Schlachtfeld hat Überlieferungen zufolge unweit der Unstrut gelegen. Doch wo soll man suchen? Allein innerhalb der heutigen Landesgrenzen ist der Fluss 135 Kilometer lang. Einige Historiker vermuten, dass es nahe Burgscheidungen (Sachsen-Anhalt) zum alles entscheidenden Kampf gekommen ist. Sie stützen sich auf eine sächsische Chronik, welche allerdings erst 400 Jahre nach der Schlacht verfasst worden ist. Darin taucht neben der Erwähnung von „Scithingi" auch die Ortsangabe „Runibergun" auf. Könnte damit ein Vorläufer der Runneburg bei Weißensee (Landkreis Sömmerda) gemeint sein?

Überliefert ist, dass sich die Thüringer mit List auf die Schlacht vorbereitet hatten. Sie hoben zahlreiche Fallgruben aus, um mit ihrer Hilfe die fränkische Reiterei zu dezimieren. Es sollte ihnen wenig nützen, wie Gregor von Tours festhielt: Angesichts der fränkischen Übermacht ergriff Herminafrids Heer die Flucht. „Sie kamen bis zur Unstrut. Dort wurden so viele Thüringer niedergemacht, dass das Bett des Flusses von der Masse der Leichname zugedeckt wurde. Die Franken zogen über sie, wie über eine Brücke, auf das jenseitige Ufer." Herminafrid und Amalaberga blieben unbehelligt.

Prinzessin Radegunde erlebte den Untergang hautnah mit. Ihr späteres Klagelied berichtet, dass selbst Frauen reihenweise darniederlagen, dass Gattinnen barfuß durch das Blut ihrer Ehemänner wateten und dass der Königshof in Schutt und Asche gesunken ist. Radegunde und ihr namentlich nicht näher bezeichneter Bruder wurden zur wichtigsten Kriegsbeute. Die Sieger verschleppten beide ins Frankenreich. Hier erzog man die Königskinder fortan christlich. Die umfassende Bildung, die man Rade-

Die Thüringer Königsfamilie

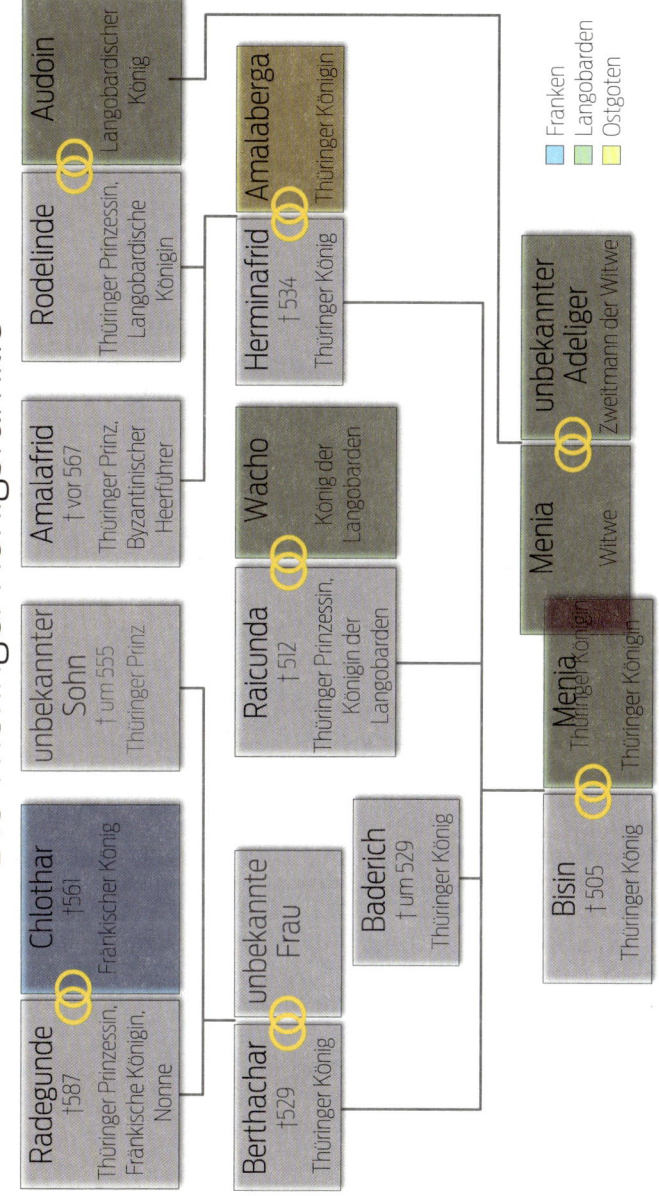

Radegunde †587
Thüringer Prinzessin, Fränkische Königin, Nonne

Chlothar †561
Fränkischer König

unbekannter Sohn †um 555
Thüringer Prinz

Amalafrid †vor 567
Thüringer Prinz, Byzantinischer Heerführer

Rodelinde
Thüringer Prinzessin, Langobardische Königin

Audoin
Langobardischer König

Amalaberga
Thüringer Königin

Herminafrid †534
Thüringer König

Berthachar †529
Thüringer König

unbekannte Frau

Baderich †um 529
Thüringer König

Raicunda †512
Thüringer Prinzessin, Königin der Langobarden

Wacho
König der Langobarden

Bisin †505
Thüringer König

Menia †512
Thüringer Königin

Menia
Witwe

unbekannter Adeliger
Zweitmann der Witwe

☐ Franken
☐ Langobarden
☐ Ostgoten

37

gunde angedeihen ließ, sollte sie auf die Ehe mit einem fränkischen Regenten vorbereiten.

Während Radegunde in einem goldenen Käfig weiterleben durfte, fiel ihr Onkel Herminafrid einem Mordanschlag zum Opfer. Nach der Niederlage hatte er sich vermutlich in einem Teil des Thüringer Reichs halten können. Anno 533/534 reiste er auf Drängen eines fränkischen Herrschers nach Tolbiacum. Die Stadt heißt inzwischen Zülpich. Sie liegt in Nordrhein-Westfalen. Der Franken-König, so berichtet Geschichtsschreiber Gregor von Tours, habe Herminafrid freies Geleit zugesichert. Dann aber wurde der Thüringer während eines Gesprächs von der Stadtmauer Tolbiacums in die Tiefe gestoßen.

Amalaberga floh daraufhin mit ihren beiden Kindern nach Ravenna (Italien). Prinzessin Rodelinde ehelichte später einen König der Langobarden. Prinz Amalafrid trat in den Dienst der Ostgoten. In der Folge eines Kriegs um die Vormachtstellung im Römischen Reich gelangte er als hochrangiger Gefangener nach Konstantinopel. Hier fielen seine militärischen Talente auf; er machte schon bald Karriere als byzantinischer Heerführer. Damit schied Amalafrid aber zugleich als möglicher Herrscher eines wiederauferstehenden Thüringens aus. In dieser geopolitischen Gemengelage versuchte der fränkische König Chlothar, seine Ansprüche auf das eroberte Thüringen durch eine Heirat zu festigen. Um 540 nahm er Radegunde zur Frau. Davon unbenommen blieb ihr gefangen gehaltener Bruder der legitime Erbe der Königswürde.

Das war natürlich auch Chlothar bewusst. Ein Kirchenfenster in Poitiers (Frankreich) überliefert bis heute jenen Moment, in dem der Franke die Blutlinie der Thüringer Könige in ihrem Mannesstamm auslöschen ließ. Die farbige Glasmalerei zeigt einen Bewaffneten, der den Prinzen auf die Knie gezwungen hat. Von hinten rammt er ihm ein Schwert in den Hals. Radegundes engster Vertrauter Venantius Fortunatus hielt fest: „frater interficitur innocenter" – der Bruder wurde unschuldig getötet. Der genaue Zeitpunkt verliert sich im Dunkel der Geschichte. Vermutlich starb der Prinz um 552/555. Der Mord an ihrem Bruder ließ Radegunde

Radegunde wird zu Grabe getragen. Mit ihr starb die letzte bekannte Angehörige des Thüringer Königshauses. Glasmalerei aus Poitiers.

aus ihrer Zwangsehe mit dem fränkischen König ausbrechen. Die Thüringerin wurde Nonne und gründete in Poitiers ein Kloster. Ihr Gatte nahm es offenbar gelassen hin. Nicht zuletzt eröffnete sich Chlothar so die Möglichkeit, die Witwe eines anderen fränkischen Königs zu heiraten.

Radegunde starb 587. Bis heute wird sie in weiten Teilen Frankreichs als Heilige verehrt. In Poitiers ist eine Kirche nach ihr benannt. In Thüringen gedenkt man der Prinzessin nur vereinzelt. Immerhin trägt eine Straße in Erfurt ihren Namen. Nahe der Mühlburg (Landkreis Gotha) blieben die Fundamente einer etwa 700 Jahre alten Radegunde-Kapelle erhalten.

Die Frau mit dem Turmschädel

Seit seiner Entdeckung im Jahre 1965 befeuert ein künstlich deformierter Totenkopf die Fantasie. Die Augenhöhlen sind extrem groß, das Hinterhaupt ragt wie ein Zylinder empor. Gehörte dieser Schädel einer Prinzessin aus fernen Ländern, die in die Thüringer Königsfamilie einheiraten sollte?

Das Frühjahr 1965. In Oßmannstedt möchte die Landwirtschaftliche Produktionsgenossenschaft ihre Ställe erweitern. Arbeiter greifen zu Hacke und Schaufel, um das Fundament auszuheben. In gut zwei Metern Tiefe stoßen sie unverhofft auf menschliche Knochen. Alsbald treffen Archäologen ein. Sie bergen nicht nur das Skelett einer Frau, sondern auch äußerst wertvolle Grabbeigaben. Goldene Schmuckstücke gehören dazu, eine kostbare Gewandspange in Adlerform sowie eine goldene Gürtelschnalle mit Granateinlagen. Sowohl ihr turmartig verformter Schädel als auch die Geschmeide verweisen auf eine ostgotische Herkunft der Toten. Die Vermutung liegt nahe, dass es sich bei ihr um eine Adelige gehandelt hat. Vielleicht gehörte sie sogar einer königlichen Familie an. Doch was hatte eine solche Prinzessin in Thüringen, fernab ihrer Heimat, zu suchen?

Und überhaupt: Wer war diese Frau?

Niemand sollte dies besser wissen als Jan Nováček, Anthropologe am Museum für Ur- und Frühgeschichte in Weimar. Er ist darauf spezialisiert, die Lebensumstände von Menschen zu ergründen, die vor langer Zeit gestorben sind. Dabei geht Nováček ähnlich vor wie ein Gerichtsmediziner. 2020/21 hat er gemeinsam mit anderen Wissenschaftlern versucht, die Herkunft der Frau von Oßmannstedt zu bestimmen. Sie haben ihren Schädel und die Ge-

Damit sich ihr Kopf derart formte, musste die Frau schon während ihrer Kindheit ständig straffe Bandagen tragen. Der Schädel gehört zur Sammlung des Museums für Ur- und Frühgeschichte.

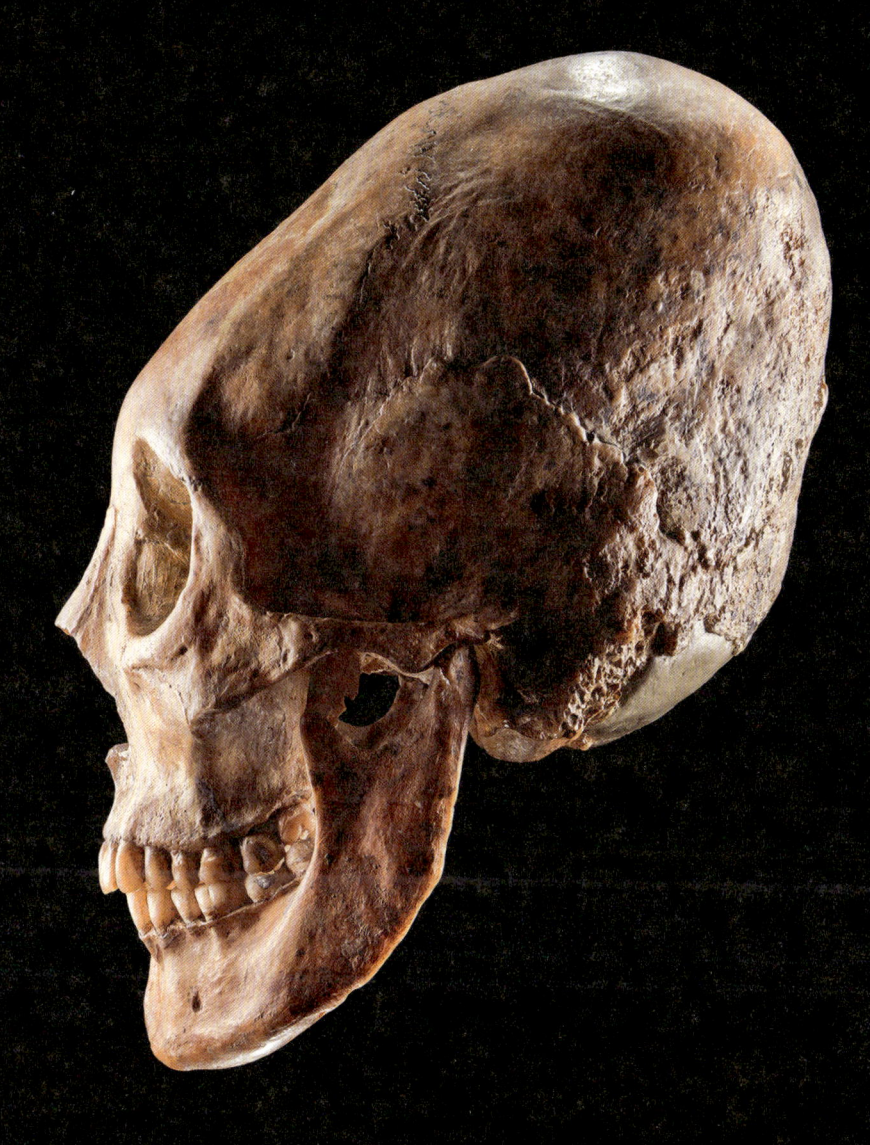

beine mit allen erdenklichen Methoden untersucht. Sie fanden unter anderem heraus, dass die Verstorbene zwar einen robusten Körperbau hatte, aber zeitlebens nie schwer arbeiten musste. Sie schlossen aus einer Wachstumsstörung des Zahnschmelzes, dass sie als Kleinkind entweder eine schwere Erkrankung durchlebt hatte oder eine Phase der Mangelernährung. Sie rekonstruierten ihre Körperhaltung. Die Frau besaß einen Rundrücken, im Volksmund auch Schneider-Buckel genannt. Sie konnten sogar ihr Erbgut bestimmen.

Das Geburtsjahr der Unbekannten ist nicht bekannt, lässt sich aber gut schätzen. Ihr Grab wurde in der zweiten Hälfte des 5. Jahrhunderts angelegt. Da die Frau mit etwa 25 bis 30 Jahren verstorben ist, dürfte sie um 450 geboren worden sein, also in machtpolitisch äußerst bewegten Zeiten. Das Weströmische Reich verfiel immer mehr. Von Osten drangen die Hunnen unter König Attila bis ins heutige Frankreich vor. Mit Attilas Tod (453) und dem alsbald folgenden Niedergang seines Reichs wurden die Völker der Franken sowie der Ostgoten mächtiger – sowie zu Gegenspielern. Mittendrin befanden sich die Thüringer. Sie hatten sich zunächst mit den Hunnen und dann mit den Ostgoten verbündet. Letztere stammten aus dem Schwarzmeergebiet, hatten sich zwischenzeitlich in Ungarn angesiedelt, ehe sie ab 489 zunehmend die Herrschaft über Oberitalien und den Balkan übernahmen. Soweit die große Geschichte, in welche die Frau von Oßmannstedt perfekt zu passen scheint.

Thüringer und Ostgoten hatten ihr Bündnis auch durch Ehen bekräftigt. Das herausragendste Beispiel ist die durch Schriftzeugnisse überlieferte Hochzeit des Thüringer Königs Herminafrid mit Amalaberga, der Nichte des ostgotischen Königs Theoderich. Allerdings heiraten beide erst zu Beginn des 6. Jahrhunderts, also mehrere Jahrzehnte nach dem Tod der Frau von Oßmannstedt. Das wirft durchaus die Frage auf, ob sie bereits viel eher unterwegs nach Thüringen war, um eine machtpolitisch begründete Ehe einzugehen. Dafür spricht, dass sich ihr Grab an einer damaligen Straße befand. Eventuell ist sie auf der Reise verstorben, vielleicht ertrank sie beim Überqueren der nahen Ilm. Hinweise auf einen Tod durch rohe Gewalteinwirkung konnte der Anthropologe an den sterblichen Überresten jedenfalls nicht feststellen.

Oder sollte es um diese Frau gänzlich anders bestellt sein? Könnte es sein, dass es sich bei ihr nicht um eine Ostgotin gehandelt hat, sondern um eine einheimische Adelige? Ist es denkbar, dass deren Eltern von den Turmschädeln der Verbündeten derart fasziniert waren, dass sie den Kopf ihres eigenen Kindes ebenfalls verformten? Wanderte also nicht die Frau ein, sondern vielmehr der Kult?

In der Tat entsprachen Turmschädel einem hunnischen bzw. ostgotischen Schönheitsideal. Wie aber konnte man Köpfe in derartige Formen wachsen lassen? Der Anthropologe Jan Nováček kennt die Antwort. Beginnend im Säuglingsalter hatte man den Schädel unablässig mit straff sitzenden Binden umwickelt. Dadurch wurde der noch „weiche" Hinterschädel zu einem abnormalen Längenwachstum gezwungen. Nováček geht davon aus, dass das Mädchen diese Prozedur wenigstens bis zu ihrem siebten Lebensjahr über sich ergehen lassen musste. Hat sie darunter gelitten? Eher nicht, meint der Anthropologe. „Sie kannte ihr Leben nicht anders."

Obschon die anthropologische Untersuchung sehr viel über die Lebensumstände der Frau ans Tageslicht gebracht hat, warnt Jan Nováček davor, diese Erkenntnisse überzogen zu interpretieren. Völlig offen bleibt, woher die Frau stammt. Lässt sich das Rätsel mit DNA-Analysen lösen? Auch bei dem Weimarer Anthropologen war die Hoffnung groß. Erfüllt wurde sie nicht. Die jüngste genetische Untersuchung lässt nicht zu, die Frau einem bestimmten Volk zuzuordnen. Ihre Gene gehören zu einer Linie, die in einem Gebiet beheimatet ist, das von Deutschland über Ungarn bis nach Rumänien reicht. Mit anderen Worten: Die Annahme, dass es ich bei ihr um eine ostgotische Prinzessin handelt, wurde weder bestätigt noch entkräftet. Es scheint, als habe die Frau von Oßmannstedt ihr Geheimnis mit ins Grab genommen. Für immer und ewig?

Die zehn schönsten Sagen

Sagen sind weit mehr als nur Fake News aus alten Zeiten. Sie erzählen uns davon, wie Thüringen zu dem wurde, was es bis heute ist – zu einem sagenhaften Land. Allein 433 dieser Legenden hat der Märchensammler Ludwig Bechstein im 19. Jahrhundert zusammengetragen, weitere Dichter trugen das Ihre bei. Die meisten Sagen stecken voller Poesie, mitunter geht es in ihnen aber auch tragisch zu.

DIE ERFINDUNG DER THÜRINGER KLÖSSE

Wenn es schneit, heißt es oft: Frau Holle schüttelt ihre Betten aus. Die Redewendung geht zurück auf das Märchen der Brüder Grimm. In Thüringen spielt Frau Holle darüber hinaus in Sagen eine Rolle, eine davon ist von besonderer Köstlichkeit. Im Meininger Gasthof „Schlundhaus" soll Frau Holle saurer Wein kredenzt worden sein. Darüber war die Göttin derart erzürnt, dass sie einen eisigen Wind herbeizauberte, der ringsum in allen Weinbergen die Reben ersterben ließ. Doch schon bald verspürte Frau Holle großes Mitleid. Um die Not zu lindern, unterwies sie die Menschen zunächst im Anbau der Kartoffel, ehe sie schließlich auch noch im „Schlundhaus" demonstrierte, wie man aus ihnen Klöße zubereitet. Das Rezept übergab Frau Holle dem Bürgermeister mit einer eindringlichen Mahnung: „Hüt es!" Seitdem heißen die Klöße in der Region genau so: Hütes.

DER SCHLAFENDE KAISER

5,33 Meter – so lang ließ sich der Norweger Hans Nielsen Langseth seinen Bart wachsen. Das ist nicht sagenhaft, das ist wahr. Gut möglich, dass Barbarossa (italienisch für Rotbart) eines Tages diesen Weltrekord übertrumpfen wird. Doch dazu müsste Kaiser Friedrich I. zunächst erwachen. Barbarossa war im Jahre

1190 während eines Kreuzzuges im anatolischen Fluss Saleph ertrunken. Seitdem, so heißt es, sitzt er im Halbschlaf an einem Marmortisch tief unten im Kyffhäusergebirge. Während sein roter Bart wächst und wächst, erwacht der Kaiser aller 100 Jahre aus seinem Nickerchen. Dann schickt er einen Zwerg ans Tageslicht, um zu sehen, ob noch immer Raben kreisen um den Berg. Erst, wenn dies nicht mehr der Fall ist, wird er vollends erwachen und mit ihm des Reiches Herrlichkeit.

Barbarossas Regentschaft gilt als Sinnbild für ein durch starke Hand geführtes Kaiserreich. In Folge der Befreiungskriege gegen Napoleon sowie der Bestrebungen für einen deutschen Nationalstaat wurde die Sage in der ersten Hälfte des 19. Jahrhunderts besonders populär.

DIE GRÜNDUNG DER WARTBURG

Im Jahre 1067 begeisterte sich Graf Ludwig für einen Berg nahe Eisenach derart, dass er spontan ausrief: „Wart' Berg, du sollst mir eine Burg werden!" Allerdings gehörte das Gebiet dem Adelsgeschlecht der Frankensteiner. So ließ Ludwig in tiefer Nacht von seinem eigenen Grundbesitz etliche Körbe voll Erde holen und auf dem Berg ausstreuen. Darauf erbaute er die Wartburg. Natürlich wollten sich die Frankensteiner damit nicht abfinden. Sie brachten die Sache bis vor den Reichstag. Es scheint, als habe der schlitzohrige Ludwig auf genau diese Gelegenheit gewartet. Er ließ zwölf seiner

Der Grabstein des Ludwig befindet sich in der Eisenacher Georgenkirche.

Ritter ihre Schwerter ins neu aufgetragene Erdreich rammen. Prompt konnten sie vorm Kaiser schwören, dass das Land, in dem die Waffen steckten, schon immer der Grund und Boden des Grafen Ludwig war. Daraufhin durfte er den Berg behalten.

DAS ROSENWUNDER

Vor rund 800 Jahren wurde eine ungarische Königstochter auf der Wartburg zum Inbegriff der Nächstenliebe. Prinzessin Elisabeth heiratete als 14-Jährige den Thüringer Landgrafen Ludwig IV. Schon bald war Elisabeth karitativ tätig. Sagenhaft ist jener Moment, in dem sie entgegen dem Wunsch ihres Mannes den hungernden Eisenachern reichlich Brot in einem Korb zukommen

lassen wollte. Ludwig soll seine Frau in aller Öffentlichkeit gezwungen haben, den Korb zu öffnen. Doch statt Brot erblickte er
nur Rosen.

Es gibt eine Version dieser Sage, in der statt Ludwig dessen
Mutter die Rolle der Kontrolleurin übernimmt. Gut möglich ist
aber auch, dass das
Rosenwunder nie in
Thüringen statt-
gefunden hat. Ein sol-
ches Erlebnis wird
ebenso Elisabeths
gleichnamiger Nichte
aus Portugal zu-
geschrieben.

Unzweifelhaft fest
steht: Die Landgräfin
setzte sich immer
wieder für die Armen
ein. In Gotha unter-
stützte sie ein Spital
finanziell. Am Fuße
der Wartburg ließ sie

Unterhalb der Wartburg erinnert eine Bronzefigur
an das Rosenwunder.

eine Einrichtung zur Armenpflege errichten. Auch im hessischen
Marburg gründete Elisabeth ein Spital. Sie starb 1231 und wurde
vier Jahre später heiliggesprochen.

RITTER TANNHÄUSER IN DER VENUSFALLE

Auf halbem Wege zwischen Gotha und Eisenach liegen die
Hörselberge. Sie sind nicht nur ein beliebtes Ausflugsziel, sondern auch ein sagenhaftes. Hier hat dereinst Venus gelebt, die
römische Göttin der Liebe. Mit wunderschönen Nixen und anderen Jungfrauen lebte sie in einer Grotte. Eines Tages verschlug es
mit dem Ritter Tannhäuser einen Sterblichen in ihre Höhle.
Immerhin ein Jahr lang vergnügte er sich mit der Göttin, ehe ihn

die Reue packte und er zum Papst pilgerte. Allerdings war der Stellvertreter Gottes nicht gewillt, Tannhäuser zu vergeben. So wünschte sich der Ritter wieder zurück in die Hörselberge zu seiner heidnischen Geliebten.

Richard Wagner hat die Sage in seiner Oper „Tannhäuser und der Sängerkrieg auf der Wartburg" verarbeitet.

EINE KINDSMÖRDERIN WURDE ZUR WEISSEN FRAU

Nur einen Tag, nachdem der preußische König im Jahre 1806 mit einem Manifest die Kriegserklärung an Frankreich begründet hatte, forderte der Krieg dessen Sohn als Opfer. Prinz Louis Ferdinand fiel am 10. Oktober 1806 in einem Gefecht bei Saalfeld. Sein Adjutant hielt später schriftlich fest, dass dem Prinzen am

Sie wollte Braut sein, wurde aber zur Spukgestalt – zu sehen in Orlamünde.

Vorabend die weiße Frau von Orlamünde erschienen sei. Sie galt seit eh und je als böses Omen der Hohenzollern-Familie.

Hinter der Sagengestalt verbirgt sich eine gewisse Kunigunde. Sie war im 14. Jahrhundert mit einem Grafen von Orlamünde verheiratet. Nach dessen Tod verliebte sie sich in Albrecht den Schönen, Burggraf zu Nürnberg. Er entstammte dem Geschlecht der Hohenzollern. In der Hoffnung, dadurch Hindernisse für eine Eheschließung aus dem Weg räumen zu können, tötete die Gräfin angeblich ihre beiden Kinder aus erster Ehe. Der Burggraf dachte aber überhaupt nicht daran, eine Mörderin zu heiraten. Er verstieß Kunigunde. Eine von mehreren Versionen der Sage berichtet davon, dass die Gräfin zur Buße ein Kloster in Nürnberg gegründet habe. In einer anderen Quelle heißt es, sie sei auf Knien bis zu einem Kloster in Franken gerutscht, wo sie verstarb. Seither geistert die Gräfin als weiße Frau durch allerlei alte Gemäuer – natürlich auch durch die Burg von Orlamünde.

Historiker haben herausgefunden, dass die wahre Kunigunde nie eigene Kinder hatte.

DAS TEUFELSWERK DES DOKTOR FAUST

Goethe setzte mit seinem Drama „Faust" jenem Doktor ein literarisches Denkmal, der sich mit dem Teufel eingelassen hatte. In Erfurt hielt sich die historische Gestalt des Dr. Faust zu Beginn des 16. Jahrhunderts tatsächlich auf. Hier soll er eine abenteuerliche Wette abgeschlossen haben. Faust behauptete, durch eine äußerst enge Gasse mit einem vierspännigen Ochsenkarren voller Heu fahren zu können. Vom Fortgang der Ereignisse gibt es zwei Versionen. Die eine besagt, Faust habe beim Erreichen der Gasse die Ochsen in Mäuse verwandelt und die Strohladung in einen einzigen Halm. So konnte er die Engstelle passieren. Am Ausgang der Gasse wurden die Mäuse wieder zu Ochsen und aus dem Strohhalm eine normale Fuhre. Die zweite Version berichtet, Faust habe mit einem Zauberspruch die Häuser zurückweichen lassen, so dass die Gasse ausreichend breit für sein Fuhrwerk wurde. Daraufhin sei ein Mönch erschienen, der dem Teufelswerk ein Ende bereitet habe. Dabei habe es sich um Martin Luther gehandelt.

Ein Straße namens Faustgässchen gibt es in Erfurts Stadtzentrum noch immer.

DER MÖHRENKÖNIG

Normalerweise halten Könige ein Zepter in Händen. Es sei denn, sie stammen aus Heiligenstadt. Dort ist es eine Möhre, die als Standeszeichen herhalten muss. Wer's nicht glaubt, kann sich beim alljährlichen Stadtfest davon überzeugen. Es steht im Zeichen des Möhrenkönigs. Das Fest erinnert an uralte Zeiten, in denen die Stadt von Feinden belagert worden war. Der Sage zufolge hatte ein Wächter alle Stadttore verriegeln lassen – bis auf eines. An ihm fehlte der eiserne Riegel. Stattdessen behalf sich der Wächter mit einer Möhre. Dennoch hielt dieses Tor lange Zeit den anrennenden Heerscharen stand. Doch dann kam plötzlich eine hungrige Ziege daher, knabberte die Möhre, und schon stand das Stadttor einladend weit auf. Seitdem tragen die Heiligenstädter den Beinamen Möhrenkönige.

DER THÜRINGER FREISCHÜTZ

Am 16. September 1690 kam es auf dem Schneekopf zu einem tragischen Jagdunfall. Ein Forstlehrling aus Gräfenroda, ein gewisser Johann Caspar Greiner, erschoss aus Versehen seinen Onkel. Schon bald entstand eine Sage. Demnach war der Bursche ein begnadeter Schütze, der ob seiner Schießkünste von seinem Verwandten beneidet worden ist. Eines Tages belegte ihn der Onkel mit Hilfe eines alten Weibes mit einem Bann. Fortan traf der Neffe nicht mehr. Schließlich suchte Johann Caspar Greiner bei einem Glasmacher um Hilfe nach. Der Handwerker goss ihm eine Zauberkugel aus Blut und Glas. Bei der nächsten Jagd lud der Bursche damit sein Gewehr. Er legte auf einen kapitalen

Hirsch an und schoss. Das Tier sank augenblicklich nieder, doch oje, als der Schütze zu seiner Jagdbeute eilte, entdeckte er keinen getöteten Hirsch – sondern den Onkel in seinem Blute.

In seiner 1821 uraufgeführten Oper „Der Freischütz" hat Carl Maria von Weber das Thema der Zauberkugel aufgegriffen.

Ein Sühnestein erinnert auf dem Schneekopf an das authentische Geschehen.

KIRCHE STATT KERKER

Von Verbrechern weiß man, dass sie gern Inschriften in die Mauern ihrer Kerker ritzen. Ganz anders Johannis Hopf. Er durfte sich in einer Kirche verewigen – und dies sogar in goldfarben angestrichenen Buchstaben. „Johannis Hopf 1689", so kann man es noch immer in der Kirche von Posterstein (bei Altenburg) lesen. Das Gotteshaus verdankt ihm seine prächtige Ausstattung. Hopf war angeblich ein Schwerverbrecher. In der zweiten Hälfte des 17. Jahrhunderts wurde er ins Verlies der benachbarten Burg gesperrt. Der Sage nach hat es sich bei ihm um einen wandernden Holzschnitzer gehandelt. Johannis Hopf wollte seine Haft partout nicht im dunklen Verlies verbringen. So bot er dem Burgherrn an, die Kirche auszuschmücken. Schon bald schnitzte er und schnitzte. Engel entstanden und Ornamente, allerlei Blumen und Trauben sowie ein auf Säulen ruhender Altar. Zum Dank für sein in jahrelanger Arbeit entstandenes Kunstwerk wurde Hopf vom Landesherrn begnadigt.

War es so? Niemand weiß es so recht.

Der Krieg, der kein Krieg war

Die Vorstellung von mittelalterlichen Rittern wird dominiert von Männern in Rüstungen, die hoch zu Ross in Schlachten ziehen. Doch es gab auch Helden, die griffen nicht zum Schwert, sondern zupften die Harfe und trällerten huldvolle Verse. Zu Beginn des 13. Jahrhunderts sollen sie in Thüringen einen Sängerkrieg ausgetragen haben.

Hat der legendäre Minnesänger Tannhäuser bereits im 13. Jahrhundert Jazz auf der Wartburg gesungen? Ja, allerdings nur in seiner Verkörperung durch Manfred Krug. Der Schauspieler übernahm 1967 eine Hauptrolle in der Komödie „Frau Venus und ihr Teufel". Er spielte einen Wartburg-Besucher, der sich plötzlich im Jahre 1200 wiederfindet. Der Tourist wird für Ritter Tannhäuser gehalten, und als solcher muss er sich am Sängerkrieg beteiligen. Manfred Krug alias Tannhäuser versucht es mit Jazz.

Zu jener Zeit war Thüringen der Musenhof der Deutschen. Noch war an Goethe und Schiller nicht zu denken. Die großen Dichter des hohen Mittelalters hießen Walther von der Vogelweide und Wolfram von Eschenbach. Um das Jahr 1206 trugen sie und vier weitere Ritter auf der Wartburg den Sängerkrieg aus. Was genau geschah? In der Überlieferung vermischen sich tatsächliche Dichtkunst und sagenhafte Verklärung. Angeblich stritten die Sänger darum, wer das bessere Hohelied auf einen Fürsten zu singen weiß. Fünf der Ritter stimmten Hymnen auf ihren thüringischen Gastgeber an, auf Landgraf Hermann I. Dagegen pries Heinrich von Ofterdingen den Herzog von Österreich. Prompt verlor er den Wettbewerb, worauf die Todesstrafe gestanden haben soll. Doch Heinrich von Ofterdingen hatte Glück. Dank der Fürsprache von Klingsor, einem Zauberer aus Ungarn, durfte er am Leben bleiben.

Kann sich all dies so zugetragen haben? Eher nicht. Auch wenn Walther von der Vogelweide und Wolfram von Eschenbach am Hofe des Thüringer Landgrafen geweilt hatten, gab es wohl keinen

Sechs Ritter nebst dem Zauberer Klingsor tragen den Sängerwettstreit aus. Die Zeichnung entstand um das Jahr 1300.

Sängerkrieg. Der vermeintliche Wettstreit ist vielmehr eine Erfindung nachgeborener Generationen. Bereits im Mittelalter wurden Dichtungen namhafter Minnesänger in Sammelwerken zusammengefasst. Um diese Lieder miteinander zu verbinden, bot sich als Rahmenhandlung offenbar ein Krieg an. Das zeigt sich insbesondere in der um das Jahr 1300 entstandenen Liederhandschrift „Codex Manesse". Sie führt den Poetry Slam sogar vor Augen, indem sie die sechs streitenden Sänger im Bild zeigt. Ausgerechnet Tannhäuser befindet sich aber nicht unter ihnen, und dies korrekterweise. Er war erst um 1230 geboren worden, also Jahrzehnte nach dem Sängerkrieg.

Dass Tannhäuser dennoch oft mit dem Wettkampf in Verbindung gebracht wird, liegt am Komponisten Richard Wagner. Er verschmolz in seiner 1845 uraufgeführten Oper zwei unabhängig voneinander existierende Sagen zu einem einzigen Ereignis. Ihr Titel: „Tannhäuser und der Sängerkrieg auf der Wartburg". Genau hier, auf der Wartburg, wird sie immer mal wieder aufgeführt.

Zehn katastrophale Ereignisse

Eine Tragödie aus Thüringen gilt als das bedeutendste Werk der deutschen Literatur. Jenseits von Goethes „Faust" steht der Begriff der Tragödie im allgemeinen Sprachschatz auch stellvertretend für Katastrophen. Unglücksfälle hat Thüringen leider weit mehr erlebt, als hier dokumentiert.

DER LATRINENSTURZ VON ERFURT

Das Jahr 1184 sollte im Leben des deutschen Königs Heinrich VI. ein bedeutendes werden. Im Mai hatte ihn sein Vater, Kaiser Barbarossa, zum Ritter schlagen lassen. Wenig später entsandte ihn Barbarossa auf einen Kriegszug nach Polen. Unterwegs legte der gerade mal 19 Jahre alte König einen Zwischenstopp in Erfurt ein, um einen Streit zu schlichten. Der Thüringer Landgraf Ludwig II. sowie der über Erfurt gebietende Erzbischof von Mainz rangen seit langem um die Vormachtstellung in der Region. Am 26. Juli 1184 drängten sich Ritter, Adelige und kirchliche Würdenträger in einem Saal, um das Machtwort des Königs zu hören. Dazu kam es jedoch nicht mehr. Unter der Last der vielen Gäste brach der morsche Fußboden ein.

Dutzende Menschen stürzten ins Erdgeschoss, wo unter ihrer Last ebenfalls der Boden zerbrach. Nun fielen die Unglücklichen in die darunter befindliche Jauchengrube. Die Chronik des Erfurter Petersklosters überliefert, dass „einige mit Mühe gerettet wurden, während andere im Morast erstickten". Fünf adelige Opfer erwähnt die Chronik namentlich, andere anonym. Doch hat es wirklich 60 Tote gegeben, wie spätere Geschichtsschreiber behaupten? Unklar ist auch, in welchem Gebäude sich der Latrinensturz ereignet hat.

Heinrich VI. hatte Glück im Unglück. Er saß in einer gemauerten Fensternische und blieb so vom Latrinensturz verschont.

DIE THÜRINGER SINTFLUT

Am 29. Mai 1613 ergossen sich wolkenbruchartige Regengüsse über weite Teile Thüringens. Urplötzlich verwandelten sich Rinnsäle in reißende Ströme. Etliche Dörfer und Städte wurden überflutet. Allein in Weimar riss die Ilm 44 Häuser weg, 65 Menschen kamen um. In Oberweimar und Ehringsdorf waren 27 Tote zu beklagen. Besonders stark betroffen waren das Thüringer Becken sowie die Gegenden rund um Mühlhausen und Gotha, um Apolda und Jena.

Eine im gleichen Jahr erschienene Flugschrift zeigt auf der Titelseite eine Kirche, die bis zum Dach unter Wasser steht. Menschen und Vieh treiben hilflos in den Fluten, nur wenige konnten sich auf Bäume retten. Hochrechnungen zufolge sollen mehr als 2200 Menschen der Flut zum Opfer gefallen sein.

Mit solchen Masken wollten sich Ärzte vor der Pest schützen.

DER SCHWARZE TOD

Mehr als 1000 Pößnecker starben im Jahr 1625 an der Pest. Nur jeder dritte Einwohner der Ostthüringer Stadt überlebte. Mit welch merkwürdigen Mitteln sich Einzelne vor einer Ansteckung schützen wollten, zeigt eine Maske mit einem furchteinflößenden Schnabel, die im dortigen Stadtmuseum ausgestellt ist. Ärzte befüllten den Schnabel mit Kräutern und Essenzen, immer in der Hoffnung, dadurch gereinigte Luft einatmen zu können. Heutzutage wissen wir, dass es für eine orale Übertragung keine gesicherten Hinweise gibt. Der Pößnecker Pfarrer Wilhelm Zeilfelder hatte seiner Gemeinde auch eine andere Empfehlung gegeben: „Es hilft fast sehr wider die Pestilenz, daß man bald weiche, daß man fern weiche und daß man nit so bald wieder komme."

Seit dem 14. Jahrhundert war Thüringen immer wieder vom schwarzen Tod heimgesucht worden. Die letzte große Welle ereignete sich 1681/84. Ausweislich einer zeitgenössischen Gedenkmedaille waren allein in Erfurt 9.437 Todesopfer zu beklagen, mehr als die Hälfte der Einwohnerschaft.

DIE PULVEREXPLOSION VON EISENACH

An einem jedem 1. September läuten in Eisenach abends die Glocken. Sie erinnern an die Explosion dreier mit Schießpulver und Granaten beladener Pferdewagen mitten in der Stadt. 68 Menschen wurden dabei getötet, Hunderte verletzt. Die umliegenden Häuser sanken in Schutt und Asche.

Die Fuhrwerke gehörten zu einem Munitionstransport der französischen Armee, der im Spätsommer 1810 von Magdeburg nach Mainz unterwegs war. Trotz des über sie hereinbrechenden Leids hatten die Eisenacher gewissermaßen Glück im Unglück. Der weit größere Teil des Konvois hatte rund 100 Meter entfernt von der Unglücksstelle am Marktplatz gestoppt, nur die ersten drei Wagen fuhren weiter. Ansonsten wäre wohl ein erheblich größeres Inferno über die Stadt hereingebrochen.

Ein undichtes Pulverfass gilt als wahrscheinlicher Auslöser. Das herausrieselnde Schießpulver wurde zur Zündschnur, die durch den Hufschlag eines Pferdes auf dem Pflaster entfacht worden ist.

Zum Gedenken wurde sieben Jahre später der Schwarze Brunnen am Unglücksort errichtet – in der heutigen Georgenstraße.

DAS ZUGUNGLÜCK VON GERSTUNGEN

Am Heiligabend des Jahres 1935 ereignete sich das bis dahin schwerste Eisenbahnunglück in der Geschichte Thüringens. Auf der Saalebrücke bei Gerstungen fuhr ein aus Halle heranrasender D-Zug einem die Strecke kreuzenden Personenzug in die Flanke. 34 Fahrgäste des Personenzugs sowie dessen Schaffner verloren ihr Leben. Ursächlich für den Unfall waren sowohl eine Verkettung unglücklicher Umstände als auch menschliches Versagen. Der Personenzug war erheblich verspätet. Normalerweise wäre er dem von zwei Dampflokomotiven gezogenen D-Zug überhaupt nicht begegnet. Den Ausschlag gab aber vor allem, dass die beiden Lokführer des D-Zugs ein auf „Halt" stehendes Vorsignal übersahen und so nicht rechtzeitig gebremst haben. Wie sich herausstellte, hatte der Führer der ersten Lok seinem Heizer geholfen und deshalb die Beobachtung der Strecke vernachlässigt. Der Führer der zweiten Lok gab wiederum an, durch den Dampf der ersten Lokomotive in der Sicht behindert gewesen zu sein. Gesehen haben beide dann rund 1000 Meter weiter das ebenfalls auf „Halt" stehende Hauptsignal. Sie leiteten zwar noch eine Bremsung ein, konnten den D-Zug aber nicht mehr rechtzeitig zum Stillstand bringen.

DIE KESSELEXPLOSION VON MEININGEN

Das Dampflokwerk Meiningen wurde bereits 1863 begründet. Es genießt bis heute weltweit großes Ansehen. Tausende Lokomotiven sind hier professionell gewartet und instandgesetzt worden. So entstand 1961 die „18 201" aus Teilen mehrerer anderer Loks, sie ist das schnellste noch immer betriebsfähige Dampfross der Welt. Zehn Jahre zuvor, am 4. Mai 1951, hatte eine schwere Explosion das Werk erschüttert. Trümmerteile flogen rund 100 Meter weit. Elf Menschen starben, 30 wurden verletzt.

Im Anheizhaus war der Kessel einer gerade erst reparierten Dampflokomotive in die Luft geflogen. Obwohl bekannt war, dass ein Manometer zur Druckkontrolle nicht funktionierte, hatte man den Kessel unkontrolliert weiter beheizt. Der Kessel war auf einen Überdruck von 14 Atü ausgelegt; vermutlich wurde etwa 20 Atü erreicht.

DAS FLAMMENMEER VON MAROLTERODE

1931 begann im Kalirevier nördlich von Mühlhausen die Förderung kleinerer Erdölvorkommen; wiederholt kam es dabei zu Unglücken. Schon bald wurde das Projekt eingestellt.

1959 wollte die DDR das Revier erneut erschließen, nun in der Hoffnung auf Erdgas. In jenem Sommer fraß sich ein Bohrgestänge in mehr als 900 Metern Tiefe fest. Bei den Reparaturversuchen zerplatzte ein Ventil; Erdgas begann unter hohem Druck zu entweichen. Das damit verbundene, ohrenbetäubende Pfeifen war kilometerweit zu hören. Zwei Wochen lang versuchten Arbeiter, das Leck zu schließen. Vergebens! Am 25. Juli 1959 schlug ein Blitz in den Bohrturm ein. Sofort brach eine Flammenhölle los.

Die sperrigen Trümmer des über dem Bohrloch zusammengesunkenen Turms machten es schier unmöglich, das Feuer zu löschen. Die unablässig lodernde Fackel soll bis ins 50 Kilometer entfernte Erfurt zu sehen gewesen sein.

Hilfe nahte von dem in Mühlhausen stationierten NVA-Regiment. Drei Tage lang schoss ein Panzer „T34" auf den Turm. Erst dann waren die Trümmer klein genug, um sie aus dem Flammenmeer ziehen zu können. Mit Hilfe von Chemikalien gelang es nun recht schnell, das Feuer zu löschen. Noch aber strömte weiterhin

Gas aus. Es dauerte weitere Tage und Nächte, das Bohrloch abzudichten. Erst am 16. August war die Gefahr gebannt, drei Wochen nach dem Blitzeinschlag.

DIE GLEISVERWERFUNG VON ERFURT-BISCHLEBEN

Der 11. Juni 1981 war ein äußerst heißer Tag. In Folge der Hitze kam es kurz vor Erfurt, im Bereich des Bischlebener Bahnhofs, zu einer Gleisverwerfung. Der Lokführer eines sich um 16.20 Uhr aus Richtung Gotha nähernden D-Zuges konnte zwar noch eine Notbremsung einleiten, nicht aber die Katastrophe verhindern. Zwischen dem dritten und vierten Waggon brach die Kupplung. Daraufhin stürzten der vierte und der fünfte Reisezugwagen die Böschung herunter. Fünf weitere Waggons entgleisten, einer prallte gegen ein Stellwerk. 14 Menschen verloren ihr Leben, etwa 100 wurden verletzt.

Bei dem Unglückszug handelte es sich um einen sogenannten Interzonenzug. Er war von Düsseldorf nach Karl-Marx-Stadt unterwegs. An Bord befanden sich zahlreiche Rentner, die vom Besuch bei ihren Westverwandten heimkehrten.

DER GEBIRGSSCHLAG VON VÖLKERSHAUSEN

1989 wurde die DDR nicht nur im übertragenen Wortsinn in ihren Grundfesten erschüttert. In jenem Jahr bebte hierzulande die Erde auch stärker denn je. Am 13. März 1989, also acht Monate vor dem Fall der Mauer, erschütterte ein von Menschen ausgelöstes Erdbeben die westthüringische Kaliregion. Es erreichte die Stärke 5,6 auf der Richterskala. Erst nach 12 nicht enden wollenden Sekunden war der Spuk vorbei – und ein Dorf lag in Trümmern.

Um 14.02 Uhr hatten Bergleute in etwa 830 Metern Tiefe eine planmäßige Sprengung gezündet. Dabei kam es zu einer verhängnisvollen Kettenreaktion. Etwa 3000 natürliche Stützpfeiler brachen in der Grube zusammen. Unter Tage war ein Abbaufeld betroffen, dessen Fläche etwa 900 Fußballfeldern entsprach. Über

Tage traf es vor allem Völkershausen. In dem Dorf senkte sich die Erdoberfläche um bis zu einem Meter. 250 Gebäude wurden beschädigt. Jedes dritte musste abgerissen werden, darunter die Kirche und das Schlösschen. Auch benachbarte Orte waren betroffen, insbesondere Oberzella, Vacha und Wölferbütt. Glücklicherweise gab es Tote weder unter noch über Tage zu beklagen.

Der Wiederaufbau begann alsbald mit massiver staatlicher Unterstützung. Zwischenzeitlich beschuldigte die DDR-Regierung die westdeutsche Kaliindustrie, durch Einleitung von Abwässern den Gebirgsschlag verursacht zu haben. Das wenig später erfolgende politische Beben war allerdings auch dadurch nicht mehr aufzuhalten.

GROSSBRAND IN WEIMAR

Am 4. September 2004, kurz nach 20 Uhr, brach eine Katastrophe über das klassische Weimar herein. Die Herzogin-Anna-Amalia-Bibliothek, die für ihren historischen Bestand weltberühmt ist, stand lichterloh in Flammen. Auslöser war vermutlich ein schwelendes Kabel. Retten, was zu retten ist, das wurde zur Devise. Feuerwehrleute und Freiwillige schleppten 28.000 Bücher ins Freie. Dann, gegen 22 Uhr, durfte niemand mehr in die Bibliothek; der Dachstuhl drohte einzustürzen. In diesem Moment schlug die Stunde des Michael Knoche. Dem damaligen Direktor der Bibliothek wurde schlagartig bewusst, dass sich eine Prachtausgabe der Luther-Bibel von 1534 noch immer im Haus befand. Er schaffte es, die Einsatzleitung von der Notwendigkeit eines allerletzten Rettungseinsatzes zu überzeugen. Mit einem Feuerwehrmann kämpfte sich Knoche in den Rokokosaal vor. Die Gelegenheit war sozusagen günstig; so retteten die beiden außer der Bibel gleich noch zwei weitere seltene Luther-Ausgaben.

Etwa 50.000 Bücher verbrannten, weitere 118.000 wurden beschädigt. Deren Restaurierung dauert voraussichtlich bis zum Jahr 2028 an. Das Bibliotheksgebäude war 2007 wiedereröffnet worden.

Wie wir arbeiten

1.027.700 Menschen waren zu Jahresbeginn 2022 in Thüringen erwerbstätig. Dazu gehören auch Einpendler. Die Zahl der Arbeitsplätze geht seit Jahren zurück, zuletzt verstärkt durch die Pandemie.

124.354 Thüringer haben ihren Arbeitsplatz außerhalb des Freistaates – vor allem in Bayern, Sachsen und Hessen.

101.755 Beschäftigte hat der Öffentliche Dienst. Er ist der größte Arbeitgeber des Landes. Etwas mehr als ein Drittel arbeitet auf kommunaler Ebene.

38,6 Stunden beträgt die bezahlte Wochenarbeitszeit eines Vollzeitbeschäftigten im Durchschnitt.

17,36 Euro erzielte eine Frau im Jahr 2021 in Thüringen als durchschnittlichen Bruttoverdienst je Arbeitsstunde. Bei Männern waren es 18,26 Euro. Die Lohnlücke ist im bundesweiten Vergleich eine der niedrigsten.

3.473 Euro betrug im Jahr 2021 der durchschnittliche Bruttomonatsverdienst aller in Vollzeit Beschäftigten im produzierenden Gewerbe und im Dienstleistungsbereich – einschließlich Urlaubs- und Weihnachtsgeld. Im Gastgewerbe sind die Gehälter am geringsten (2.154 Euro). In der Finanz- und Versicherungsbranche, in der Energieversorgung und im Bildungsbereich liegen sie über 4.600 Euro.

11.031 Gewerbe wurden im Jahr 2021 in Thüringen neu angemeldet. Bei drei von vier Fällen handelt es sich um Einzelunternehmen.

Das grüne Herz Deutschlands

Es gibt Fragen, mit denen kann man selbst versierte Thüringen-Kenner hinters Licht führen. Zum Beispiel diese: Was ist der Alecktrüogallonax? Wer davon noch nie gehört hat, weiß eventuell die Antwort auf folgende Frage: Ist der Thüringer Wald wirklich der bekannteste Wald Thüringens? Wer jetzt den Wald vor lauter Bäumen nicht sieht – es sind immerhin 330 Millionen –, dem kann geholfen werden.

Die einen kritzeln einfach nur ein „Ich war hier" auf die Wände von Wanderhütten. Manche fügen ihr Namenskürzel und ein Datum hinzu, andere schnitzen Herzchen in die Wände. Schmierfinken gibt es immer wieder in Thüringens Wäldern. Was treibt sie um? Sollte es gar die Absicht sein, unserem Nationaldichter nachzueifern? Wie bitte, wem?

Es ist kein Geringerer als Johann Wolfgang von Goethe, der mit einer solchen Kritzelei in die Literaturgeschichte eingegangen sind. Sogar das exakte Datum ist bekannt. An jenem 6. September 1780 schrieb er in einem Brief: „Auf dem Gickelhahn dem höchsten Berg des Reviers den man in einer klingernden Sprache Alecktrüogallonax nennen könnte hab ich mich gebettet, um dem Wuste des Städgens, den Klagen, den Verlangen, der Unverbesserlichen Verworrenheit der Menschen auszuweichen. Wenn nur meine Gedancken zusammt von heut aufgeschrieben wären es sind gute Sachen drunter."

Gut aufgeschrieben, dies gilt an diesem Tag zuvorderst für diese 24 Wörter: „Ueber allen Gipfeln ist Ruh', in allen Wipfeln spürest Du kaum einen Hauch; die Vögelein schweigen im Walde. Warte nur, Balde ruhest du auch." Der Dichter schrieb sie an die Wand einer Jagdhütte auf dem Kickelhahn bei Ilmenau. 51 Jahre später, unmittelbar vor seinem 82. Geburtstag, brach Goethe erneut zu diesem Berg auf. Noch einmal wollte er die Aura jenes Waldes spüren, der ihn zu einem seiner liebsten Gedichte verholfen hatte, zu „Wandrers Nachtlied". Wieder hielt er den Moment fest, nun im Tagebuch: „Die alte Inschrift ward recognoscirt: Über allen Gipfeln ist Ruh."

Bereits zu Goethes Lebzeiten war die karge Hütte zum Pilgerort geworden, und sie ist es bis heute geblieben. Jedoch stehen Wanderer nicht mehr vor dem Original. Die Jagdhütte ist 1870 abgebrannt und wurde neu aufgebaut. Das berühmte Gedicht können wir trotzdem noch immer nachlesen, nun sogar übersetzt in 15 Sprachen. Es gibt vermutlich kein weiteres Ausflugsziel in Thüringen, an dem Touristen derart vielsprachig angesprochen werden wie auf diesem Berg.

Zweifelsohne hat Goethe den 861 Meter hohen Kickelhahn und mit ihm den Thüringer Wald berühmt gemacht. Ausgangs des 19. Jahrhunderts erfand der Reiseschriftsteller August Trinius die dazu passende, perfekte Werbebotschaft. Er pries das waldreiche Thüringen als das grüne Herz Deutschlands. Während der Schriftsteller weitgehend der Vergessenheit anfiel, ist sein Spruch bis heute in vieler Munde.

Doch es gibt weit mehr Wälder in Thüringen als den Thüringer Wald. Allen voran der Nationalpark Hainich. Ihn hat die UNESCO anno 2011 als Weltnaturerbe ausgezeichnet; damit erlangte der Hainich zumindest außerhalb der Landesgrenzen größere Berühmtheit als der Thüringer Wald. Die UN-Organisation würdigte, dass weite Teile des Nationalparks urwüchsige Buchenbestände aufweisen. Sie bilden die größte nutzungsfreie Laubwaldfläche in Deutschland. Einst waren solche Wälder für Mitteleuropa typisch. Durch die seit Jahrhunderten andauernde Forstwirtschaft hat sich der Charakter der meisten Gebiete aber komplett verändert. Das gilt auch für den Thüringer Wald. Dort wachsen zumeist Fichten.

Der Waldumbau hin zu einem gesunden Mischwald hat freilich längst begonnen. Seit einigen Jahren werden bei Wiederaufforstungen bevorzugt Laubbäume gepflanzt. Allein im Jahr 2021 hat die Landesforstanstalt 826.000 junge Eichen gesetzt. Gefolgt werden sie von Douglasien, Buchen und Weißtannen.

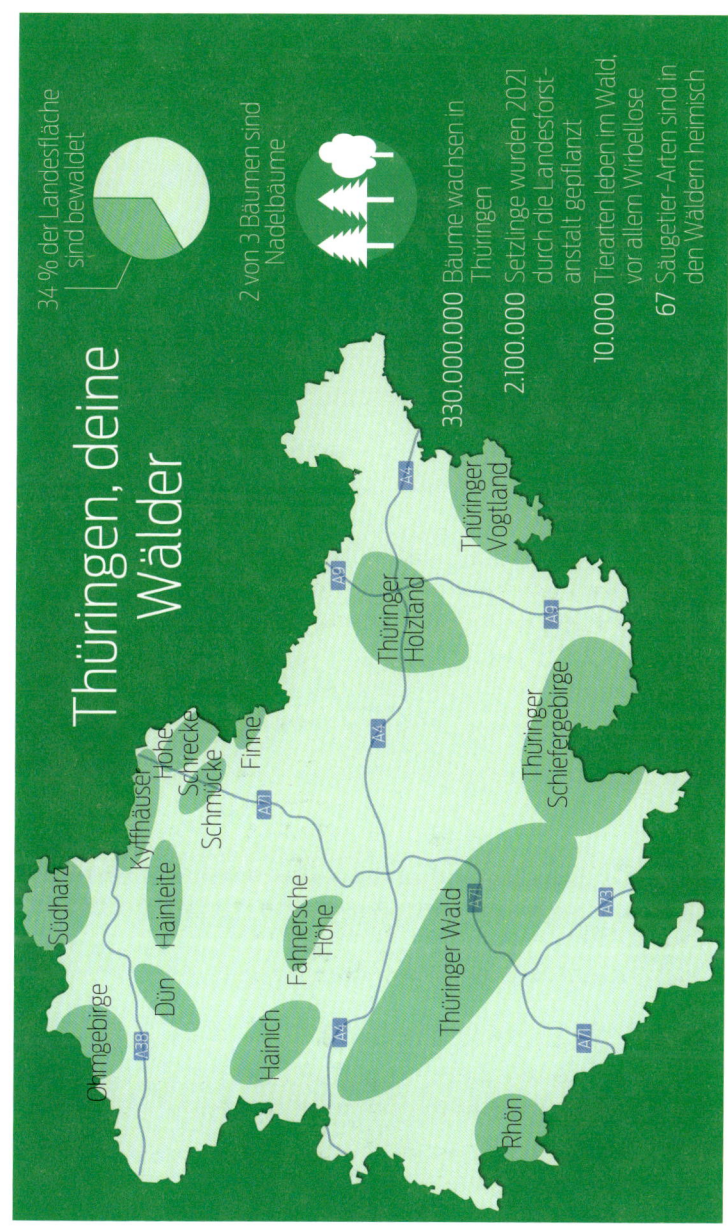

Thüringen, deine Wälder

34 % der Landesfläche sind bewaldet

2 von 3 Bäumen sind Nadelbäume

330.000.000 Bäume wachsen in Thüringen

2.100.000 Setzlinge wurden 2021 durch die Landesforstanstalt gepflanzt

10.000 Tierarten leben im Wald, vor allem Wirbellose

67 Säugetier-Arten sind in den Wäldern heimisch

Thüringer Vogtland

Thüringer Holzland

Thüringer Schiefergebirge

Höhe Schrecke

Finne

Kyffhäuser

Schmücke

Hainleite

Südharz

Dün

Fahnersche Höhe

Thüringer Wald

Ohmgebirge

Hainich

Rhön

A4

A9

A9

A4

A71

A71

A73

A71

A4

A38

Inselberg oder Inselsberg?

Fragt man die Thüringer, welcher Berg ihr höchster ist, kommt nicht selten die falsche Antwort. Reflexartig wird der Inselsberg genannt. Dabei ist er nur 916 Meter hoch. Das beschert ihm lediglich Rang 4 in der Liste der höchsten Thüringer Gipfel.

Die Verwirrungen um den Berg beginnen bereits mit seinem Namen. Heißt er Inselberg oder doch Inselsberg? Die Sprachgrenze verläuft ebenso wie der Rennsteig sowie diverse Gemarkungsgrenzen mitten über den Berg. Südlich des Rennsteigs wird gern auf das Fugen-s verzichtet. Etwa in Brotterode, dass dem Berg gegenüber liegt. Hier tragen sowohl eine Schanze, eine Therme als auch eine Energie-Genossenschaft den Namen Inselberg. Im Duden ist allerdings nur vom Inselsberg die Rede. Das ist in der Tat der offizielle Name.

Warum halten viele Menschen dennoch an der kürzeren Form fest? Das hat nicht allein mit dem legendären Beharrungsvermögen der Südthüringer zu tun. In alten Schriftquellen tauchen Schreibweisen auf, die sowohl für als auch gegen das „s" sprechen. Mal ist vom Enzenberc die Rede, mal vom Ensillbergk. Auch Emseberg, Engelsberg und Heunselsberg sind verbürgt. Wie auch immer: Der Name Inselsberg verkürzt so oder so, dass es sich um zwei Gipfel handelt. Da ist zum einen der Große Inselsberg mit 916 Metern Höhe, während der benachbarte Kleine Inselsberg lediglich 706 Meter erreicht. Noch höher hinaus geht es auf dem Großen Beerberg (983 m), dem Schneekopf (978 m) und dem Großen Finsterberg (944 m).

Wie erklärt sich der Fehlglaube, dass der Inselsberg der höchste Gipfel Thüringens ist? Gut möglich, dass dies mit seiner Dominanz zu tun hat. Die anderen Gipfel sind zwar höher, doch da sie mitten im ohnehin hochgelegenen Wald liegen, entfalten sie kaum Fernwirkung. Ganz anders der Große Inselsberg. Er ragt am Rande des Thüringer Waldes empor und ist deshalb weithin sichtbar – wie eine Insel im Meer.

Der Inselsberg wird von Ausflüglern vor allem wegen der phänomenalen Aussicht geschätzt, die sich von ihm bietet. Zu Beginn des 19. Jahrhunderts eröffnete der erste Gasthof auf dem Plateau – auf der südlichen, damals zu Hessen sowie später zu Preußen gehörenden Seite. Schon bald folgte ein weiteres Wirtshaus. Es befand sich zwar nur wenige Meter entfernt, stand aber dennoch in einem anderen Land – im Gothaer Herzogtum. Seither gehört der Inselsberg zu den meistbesuchten Ausflugszielen im Thüringer Wald.

Seine drei Türme verleihen dem Inselsberg eine auch aus der Ferne unverwechselbare Silhouette.

Lost Place am Rennsteig

Von A wie Ronny Ackermann bis W wie Kati Wilhelm – Weltklasse sind unsere Wintersportler bereits seit Jahrzehnten. Während die Fans heutzutage meist zu Wettkämpfen nach Oberhof pilgern, wird eine der ältesten Rennschlitten-Bahnen Deutschlands immer mehr zu einem vergessenen Ort.

Lost Places entfachen bei vielen Menschen die Lust am Entdecken. Verborgene, mitunter sogar verbotene Orte ziehen sie magisch an. Alte Fabriken gehören dazu, verlassene Kasernen und aufgegebene Bahnhöfe. Längst gibt es in Deutschland eine Fangemeinde, die von einem Lost Place zum anderen pilgert. Noch ist der Rennsteig nicht zu ihrem bevorzugten Ziel geworden. Dabei versteckt sich an ihm ein einzigartiges Relikt vergangener Zeiten. Wer unweit des Berggasthofs „Spießberghaus" in den Wald läuft, steht schon nach wenigen Schritten vor verfallenden Mauern, die sich in Steilkurven gen Tal schlängeln. Moose, Farne und Sträucher überwuchern eine Natureisbahn, deren Vorläufer bereits 1910 gebaut worden ist und die 1966 als Aushängeschild der DDR auserkoren war.

In jenem Februar sollte erstmals eine Rennschlitten-Weltmeisterschaft in Thüringen ausgetragen werden. Mit dem Titelverteidiger Wolfgang Scheidel (Erfurt) sowie dem späteren Olympiasieger Klaus-Michael Bonsack (Waltershausen) standen Lokalmatadoren bereit, um nach den Medaillen zu greifen. Dann aber wurde es kurz vor Beginn der WM wärmer und wärmer. Das Eis der Bahn begann zu schmelzen. Die Meisterschaft musste abgesagt werden.

Zumindest auf Briefmarken fand die WM von 1966 statt. Sie waren kurz vor der Absage erschienen.

Drei Jahre später begann der Bau der Oberhofer Kunsteisbahn. Ihre Einweihung besiegelte das weitgehende Aus des Natureiskanals. Während der obere, rund einen Kilometer lange Abschnitt zum Lost Place wurde, lebt im unteren Teil die Tradition weiter. Der Rodelclub aus Friedrichroda erhält und nutzt den Kanal.

Frankensteins Schöpferin
in Thüringen

Was sind die touristischen Highlights des Freistaats? Welche Orte sollte man unbedingt gesehen haben? Bereits vor zwei Jahrhunderten gab eine der berühmtesten Schriftstellerinnen aller Zeiten eine eindeutige Antwort. Mary Shelley, die Autorin von „Frankenstein", zog es auf die Wartburg, nach Erfurt sowie Weimar. Wie hat sie jene drei Ziele erlebt, die sich noch immer größter Beliebtheit erfreuen?

Im Jahre 1818 erschien die Erstausgabe von „Frankenstein". Der Roman von Mary Shelley gilt als Inbegriff der Gruselgeschichte. Wer aber weiß, dass die Engländerin darin auch die Weimarer Klassik literarisch verewigt hat? Zwar lässt bereits der Untertitel des Romans – „Der moderne Prometheus" – gewisse Parallelen erahnen. Die Sage von Prometheus gehört zu Goethes großen literarischen Themen. Schließlich gibt es auch den Faust. Die von Goethe geschaffene Figur des mit Mephisto verbündeten Wissenschaftlers ist letztlich eine Vorwegnahme jenes Viktor Frankenstein, der die Grenzen wissenschaftlichen Strebens ausdehnt – bis hin zur Erschaffung von Leben. Weitgehend unbekannt ist dagegen, dass Goethes Roman „Die Leiden des jungen Werther" in Shelleys Schauerroman ausdrücklich erwähnt wird. So berichtet das Monster, dass es voller Inbrunst im „Werther" gelesen habe. Das Buch sei ihm als eine nie versiegende Quelle des Staunens und Nachdenkens erschienen. Vor allem „die liebenswürdigen, familiären Umgangsformen, die darin beschrieben wurden", hatten es zutiefst beeindruckt. „Mir gefielen die Meinungen des Helden, dessen Ende ich beweinte (...) Was hatte das zu bedeuten? Wer war ich? Was war ich? Woher stammte ich? Wohin sollte ich gehen?" Beide, das Monster wie der junge Werther, fühlen sich unverstanden und treffen die gleiche Entscheidung. Werther nimmt sich das Leben, das Monster kündet seinen Freitod an.

War es angesichts all dieser Parallelitäten also nur folgerichtig, dass Mary Shelley den Drang verspürte, Goethes Lebensmittelpunkt selbst zu besuchen? Im Jahre 1842 – also zehn Jahre nach Goethes Tod – bot sich ihr die Gelegenheit. In jenem Sommer begab sich Mary Shelley mit ihrem 23-jährigen Sohn und dessen Studienfreund auf eine Bildungsreise durch Deutschland. Sie waren entlang von Rhein und Main unterwegs, sie verweilten einige Tage in einem fränkischen Kurort, ehe sie nach Thüringen aufbrachen. Die Wartburg wurde zu ihrem ersten Ziel. In der Lutherstube

Mary Shelley reiste 1842 durch Thüringen. Zwei Jahre zuvor hatte sie Richard Rothwell porträtiert.

suchte die Engländerin nach jenem legendären Fleck, den der Reformator beim Wurf eines Tintenfasses nach dem Teufel verursacht haben soll. Am 21. Juli notierte Shelley in ihrem Tagebuch, dass ein Tourist das Gipsstück an sich genommen habe. Immerhin empfand sie es als tröstlich, dass sich das Zimmer noch weitgehend im originalen Zustand befunden hat.

Zwei Jahre später veröffentlichte Mary Shelley ihr Reisetagebuch. In deutscher Sprache erschienen ihre Erlebnisse erst 2018 unter dem Titel „Streifzüge durch Deutschland". Die Ausgabe des Morio Verlags entpuppt sich als eine äußerst vergnügliche Lektüre. Die von Michael Klein besorgte Übersetzung zeigt die Engländerin als äußerst aufmerksame Beobachterin. Für sie war die authentische Erfahrung das Wichtigste. Entsprechend suchte sie an jedem ihrer Ziele nach dem Geist des besuchten Orts. Das zeigte sich gerade auch auf der Wartburg, wo Mary Shelley und ihre Begleiter unter anderem Rüstungen bestaunten. Sogleich glaubte sie sich an Helden längst vergangener Zeiten erinnert. „Als ich (...) hinaus aus dem Fenster auf den Thüringer Wald blickte, fühlte ich mich glücklich im Sinn einer gestillten Wissbegier, oder vielleicht eher in dem eines anderen Gefühls, dem ich keinen präzisen Namen geben kann, das jedoch das Herz schwellen und das Innere erglühen lässt, während man diese hier versammelten Erinnerungen an die berühmte Vorzeit sieht, berührt und ihre Atmosphäre atmet."

Von der Wartburg aus reiste Mary Shelley nach Erfurt. Unterwegs übernachtete sie in Gotha, ohne die Stadt zu besichtigen. Warum sie sich keine Zeit für die Stadt nahm, geht aus ihrem Tagebuch nicht hervor. Stattdessen hielt sie bedauernd fest, dass sie gern mit Prinz Alberts Geburtsort bekannt geworden wäre. Albert von Sachsen-Coburg und Gotha hatte zwei Jahre zuvor die britische Königin Victoria geheiratet. Bemerkenswert ist Shelleys Notiz aus wenigstens zwei Gründen. Zum einen irrte sie bei der Lokalisierung von Alberts Geburt. Der Prinz war auf Schloss Rosenau (bei Coburg) geboren worden. Zum anderen fristet das äußerst sehenswerte Gotha noch immer ein touristisches Schattendasein angesichts der Dominanz von Wartburg, Erfurt und Weimar. Es ist wohl nur ein schwacher Trost, dass die Schriftstellerin angesichts von Gotha niederschrieb, die äußere Erscheinung der protestantischen Städte sei erfreulich – insbesondere deren Sauberkeit.

In Erfurt pilgerte Mary Shelley ins Augustinerkloster, in dem Luther als Mönch gelebt hatte. „Seine Zelle ist erhalten, als würde er in ihr leben." Offenbar erlag die Schriftstellerin einem bis heute anhaltenden Irrtum. Die karge Zelle war kein Wohnraum. Sie diente vielmehr dem individuellen Studium. Die Nachtruhe verbrachten die Mönche normalerweise im Schlafsaal, im Dormitorium.

Hat die Frankenstein-Autorin auch den Erfurter Dom sowie die Krämerbrücke besichtigt? Es geht aus ihrem Reisetagebuch nicht hervor. Dafür sah sie den Erfurter Totentanz, den sie als äußerst seltsame Galerie beschrieben hat. 56 Gemälde gehörten zu diesem Zyklus. Er eröffnete mit dem Bild eines Gerippes, das Flöte spielt und zum Tanz auffordert. Die weiteren Gemälde zeigten Alltagsmomente, in denen der Tod seine Ernte einfährt. Shelley erwähnte ausdrücklich eine schöne Frau und einen Geizigen, die sterben müssen, eine Braut sowie einen erstgeborenen Sohn. Ihr eindringliches Kunsterlebnis können wir nur noch sehr eingeschränkt nachvollziehen. Der Totentanz fiel 1872 einem Brand vollständig zum Opfer. Es existieren lediglich Kopien.

Auf der Weiterreise nach Weimar erblickte Mary Shelley eine Landschaft, die in ihren Augen immer mehr an Schönheit verlor. Vor allem die schier endlosen Äcker störten sie. Angesichts all der Stoppelfelder vermochte es nicht mal das Grün der Weimarer Parks, die Schriftstellerin zu entzücken. Sie sah in all den Gärten lediglich einen armseligen Ersatz für die edle Natur.

In Weimar blieb der Engländerin der Besuch des seinerzeit privat genutzten Goethe-Wohnhauses verwehrt. Es wurde erst vier Jahrzehnte später zum Museum. Dafür verweilte Shelley im Schloss, in dem je ein Zimmer zu Ehren von Wieland, Schiller und Goethe ausgestaltet worden war. Im Anschluss hielt sie fest, dass sie Schillers Werk für bedeutender erachte als dass seines Freundes Goethe.

Das hinderte die kleine, englische Reisegruppe freilich nicht daran, andächtig vor den sterblichen Überresten beider Dichter zu verharren. Shelley und ihre beiden Begleiter besuchten die Fürstengruft auf dem Historischen Friedhof. Die körperliche Nähe von Dichterfürsten und regierenden Fürsten beeindruckte sie sehr. „Diese Freundschaft über den Tod hinaus, dieser Wunsch, selbst im Grab noch den Ruhm des Dichters zu teilen, lässt einen diese guten deutschen Regenten lieben." Dass sich in Schillers Sarg nicht dessen wirklicher Totenschädel befand, konnte die Autorin des „Frankenstein" nicht ahnen. Erst zu Beginn des 21. Jahrhunderts stellte sich nach einer genetischen Untersuchung heraus, dass es bei der Umbettung aus einem Massengrab in die Fürstengruft zu einer Verwechslung gekommen sein musste.

Zehn Kult-Songs aus Thüringen

Wo man singt, da lass dich nieder, böse Menschen haben keine Lieder. Auch wenn dieses Sprichwort nicht aus Thüringen stammt, sondern aus dem angrenzenden Sachsen-Anhalt, dürfen wir es voller Berechtigung im Munde führen. Einige der bekanntesten deutschen Lieder entstanden hier.

JUGENDLIEBE

Ute Freudenberg gelang mit „Jugend-liebe" der Durchbruch. Sie wurde vier Mal zur beliebtesten Sängerin der DDR gewählt.

Ute Freudenbergs Song ist das Liebeslied der Thüringer schlechthin. 1980 stürmte die Weimarer Sängerin mit „Jugendliebe" die Hitparaden. Inzwischen gilt ihr Hit als einer der großen deutschen Schlager. Er erinnert uns an eine Zeit, als wir nicht mal 15 Jahre alt waren. Damals, als er große Worte sprach und sie ihm alles glauben wollte. Diese Zeit, so singt Ute Freudenberg, ist wie ein schö-ner Traum, den wir nie ver-gessen.

O DU FRÖHLICHE

1815 schrieb der Weimarer Publizist Johannes Daniel Falk „O du fröhliche". Er textete zu einer Melodie, die in Deutschland weni-ge Jahre zuvor als sizilianische Marienhymne bekannt geworden war. Falk verfolgte klare Intentionen. Sein Lied sollte zur Er-bauung von Waisenkindern dienen, die er und seine Frau Caroli-ne betreuten. Die ursprüngliche Version des heutigen Weihnachtslieds hatte auch Strophen, die sich auf Ostern und Pfingsten bezogen.

EICHSFELDER SANG

„Schlägt deine letzte Stunde, es sei auf Eichsfelds Grunde!" Obwohl die Hymne mit einer Anspielung auf den Tod endet, ist sie ein unglaublich lebendiges Lied. Die Liebeserklärung ans Eichsfeld wird häufig gesungen, etwa bei Familienfeiern, Volksfesten und kirchlichen Anlässen. Seitdem der von Hermann Iseke stammende Text 1901 erstmals veröffentlicht worden ist, erfuhr das Lied mehrfach Veränderungen. Strophen kamen neu hinzu, wurden teils verändert oder aber ganz gestrichen.

HEIDENRÖSLEIN

Was nur sollen wir von einem Knaben halten, der ein junges und morgenschönes Röslein sieht und es bricht? „Röslein wehrte sich und stach, half ihm doch kein Weh und Ach, mußt' es eben leiden." Das Lied basiert auf dem gleichnamigen Gedicht von Johann Wolfgang von Goethe. Obwohl sich mit Schumann, Schubert und Lehár berühmte Komponisten an dem Lied versuchten, stammt die populärste Melodie von dem weniger bekannten Heinrich Werner. Er wurde in Kirchohmfeld (Eichsfeld) geboren.

DAS RENNSTEIG-LIED

„Ich wandre ja so gerne am Rennsteig durch das Land, den Beutel auf dem Rücken, die Klampfe in der Hand." 1951 wurde das Rennsteiglied von Volksmusik-Star Herbert Roth erstmals vorgetragen. Allerdings zupfte er dazu nicht die Saiten einer Klampfe (Gitarre). Roth

Legendär mit seinem Akkordeon: Herbert Roth

griff lieber zum Akkordeon. Den Text von Thüringens heimlicher Hymne hatte der Lehrer Karl Müller verfasst. „Ich jodle lustig in das Tal, das Echo bringt's zurück."

KATZEN BEI NACHT

„Berühr mich, entführ mich", so flehte Petra Zieger erstmals 1987. Ihr Lied erzählt von Mädchen, die sich nach den Küssen ihrer Märchenprinzen sehnen und deshalb nachts aus den Häusern stehlen. Die aus Erfurt stammende Rocksängerin hatte zunächst eine Lehre als Schneiderin aufgenommen, ehe sie an der Weimarer Musikhochschule zu studieren begann. Petra Zieger singt in deutscher Sprache.

HOCH AUF DEM GELBEN WAGEN

Rund 100 Jahre nach seinem Entstehen entfachte das Volkslied eine kaum für möglich gehaltene Begeisterung. 1974 schoss die Postkutschen-Romanze in den westdeutschen Charts steil nach oben. Das Lied hielt sich wochenlang in den Top Ten. Interpret war Walter Scheel; wenige Monate später wurde der FDP-Politiker zum Bundespräsidenten gewählt. Den Liedtext hatte der aus Kranichfeld (Weimarer Land) stammende Dichter Rudolf Baumbach geschrieben.

THÜRINGEN, HOLDES LAND

Hat Thüringen eine eigene Hymne? Jein. Als Hoheitszeichen gab sich der Freistaat lediglich eine Flagge und ein Wappen, nicht aber ein Lied. Dennoch hat „Thüringen, holdes Land" den Nimbus, eine Hymne zu sein. „O frisches Waldesgrün, rosige Wangen blühn, aus jedem Fenster winkt lächelnd ein Gruß", heißt es in dem Lied. Komponiert hat es Carl Müllerhartung, der 1872 den Vorläufer der heutigen Hochschule für Musik in Weimar begründet hatte.

CELLO

Thomas Hübner alias Clueso gehört zu den besten Songwritern Deutschlands. Große Bekanntheit erlangte er aber ausgerechnet

Chartstürmer aus Erfurt: Clueso

mit einem gecoverten Lied von Udo Lindenberg. „Cello" erzählt davon, dass ein junger Mann einer Cellistin nachreist, die mittlerweile in Erfurt wohnt. Hier war Clueso 1980 geboren worden. Udo und Clueso hatten das Lied 2011 gemeinsam eingespielt. Sieben Jahre später nahm der Erfurter mit den Fantastischen Vier den Fußball-Hit „Zusammen" auf.

TU BANDERA ES UN LAMPO DE CIELO

Während dieses Lied in Deutschland weitgehend unbekannt ist, erfüllt es in Mittelamerika ein ganzes Land mit Stolz. Seit 1915 ist „Tu bandera es un lampo de cielo" die Nationalhymne von Honduras. Ihr Komponist ist Carl Wilhelm Härtling. Er stammt aus Schlotheim (Unstrut-Hainich-Kreis). Seine Karriere begann als Militärmusiker der Thüringischen Infanterie. 1896 wanderte Härtling nach Honduras aus.

O'zapft is! Ach ja?

Wem verdanken wir das legendäre Reinheitsgebot? Nicht nur an Stammtischen ist die Auffassung weitverbreitet, dass unsere Bierkultur auf die Bayerische Landesordnung von 1516 zurückgeht. Wer einen tieferen Blick, nein, nicht ins Glas, sondern in die Geschichte riskiert, wird eines anderen belehrt.

Es gibt vermutlich keinen symbolträchtigeren Ort, um sich zuzuprosten, als die Theresienwiese in München. Hier findet die weltweit größte Volksbelustigung statt. Sechs bis sieben Millionen Besucher strömen in guten Jahren herbei. Kein Wunder, schließlich gilt das bayerische Oktoberfest als Inbegriff deutscher Bierkultur. O'zapft is! Ach ja?

Tatsächlich ist viel von dem, was Biertrinker über das Oktoberfest und das Reinheitsgebot zu wissen glauben, recht trüb. Auch wenn dies die bayerische Volksseele durchaus ins Schäumen bringen mag: Ohne die Thüringer wäre beide Traditionen schwer vorstellbar. Bleiben wir zunächst auf der Festwiese. Bereits ihr Name verrät so gut wie alles. Sie wurde nach einer Thüringer Prinzessin benannt, nach Therese Charlotte Luise Friederike Amalie von Sachsen-Hildburghausen – kurzum: nach Therese. Anno 1810 ließ sich die Thüringerin vom bayerischen Kronprinzen Ludwig freien. Fünf Tage nach der Hochzeit, die am 12. Oktober stattfand, feierte München das königliche Ereignis mit einem Pferderennen. Rund 30.000 Besucher sollen damals zusammengeströmt sein. Die für dieses Fest benötigte Wiese wurde kurzerhand nach der Thüringerin benannt.

Bereits gute 300 Jahre zuvor hatten zwei bayerische Herzöge eine bierernste Landesordnung erlassen. Anno 1516 dekretierten sie, dass „zu kainem Pier merer Stuckh dann allain Gersten Hopffen und Wasser genomen unnd gepraucht sölle werden". Auf Hochdeutsch: Für Bier sollen keine anderen Zutaten verwendet werden als Gerste, Hopfen und Wasser. Diese Verordnung gilt weithin als Geburtsurkunde des Reinheitsgebots. Tatsächlich

Das Weimarer Reinheitsgebot ist Teil eines Urkundenbuchs. Der Eintrag aus dem Jahr 1433 befindet sich auf der rechten Seite.

war in Weimar schon im Jahre 1433 eine ähnliche Brauordnung erlassen worden – also 83 Jahre zuvor. Darin heißt es, hier auf Hochdeutsch übersetzt: „Auch soll kein Brauer etwas anderes in sein Bier tun als Malz und Hopfen, kein Steinwurz noch Harz." Warum wurde überhaupt eine solche Verordnung erlassen? Offenbar war das Bierpanschen weit verbreitet; somit erschien Verbraucherschutz als dringend geboten.

Ein Jahr später, anno 1434, schrieb die Stadt Weißensee (Landkreis Sömmerda) ihren Bürgern per Statut vor, wie sie sich in Wirtshäusern zu benehmen haben. Raufen und Spielen waren bei Strafe verboten. Aber auch den Wirten wurden strenge Vorgaben gemacht. Wer Bier braut, dürfe dafür nichts anderes verwenden als "hophin malcz und wasser". Einmal mehr wurde hier die Dreieinigkeit beschworen, lange bevor die bayerischen Herzöge ihre Maßgabe kundtaten.

Zehn Filme, die Thüringen zeigen

Thüringen ist ein filmreifes Land. Hunderte Spiel- und Dokumentarfilme entstanden hier, darunter Klassiker wie „Das kalte Herz" und „Nackt unter Wölfen". Zu den erfolgreichen Neuproduktionen gehören „Der Medicus" und „Ballon". Nicht zuletzt ist das Kinderfilm-Festival „Goldener Spatz" im Freistaat zu Hause.

DAS KALTE HERZ

1950 produzierte die Defa „Das kalte Herz". Zwar spielt der Film im Schwarzwald, doch gedreht wurde er zu einem Gutteil im wildromantischen Lauchagrund nahe Bad Tabarz. Seit 2018 erinnert eine Gedenktafel vor Ort daran. Der erste Märchenfilm der DDR war zugleich der erste Farbfilm des Landes. Die Handlung entstammt dem gleichnamigen Märchen von Wilhelm Hauff. Fast zehn Millionen Zuschauer strömten in die Kinos. Auf der ewigen Defa-Bestenliste bedeutet dies den dritten Platz.

NACKT UNTER WÖLFEN

Der 1963 von Frank Beyer verantwortete Film thematisiert den antifaschistischen Gründungsmythos der DDR. Häftlinge des KZ Buchenwald retten unter Einsatz ihres Lebens ein Kind vor seiner drohenden Ermordung durch die SS. Die literarische Vorlage

Armin Mueller-Stahl (r.) spielt den KZ-Häftling André Höfel in „Nackt unter Wölfen".

stammt von Bruno Apitz; er war selbst in Buchenwald eingesperrt. 2014/15 entstand eine Neuverfilmung. Die Kulissen dafür wurden in Tschechien nachgebaut, einzelne Szenen ließ der Regisseur aber auch am Originalschauplatz drehen.

ALFONS ZITTERBACKE

Der zehnjährige Alfons ist ein liebenswerter Chaot. Er möchte Kosmonaut werden. Deshalb beginnt er zu trainieren. Alfons ernährt sich aus Tuben und fährt unablässig auf dem Kettenkarussell. Der 1965 gedrehte Kinderfilm bewahrt insbesondere für Einwohner Jenas die Erinnerung an längst vergangene Zeiten. Familie Zitterbacke lebt im Stadtzentrum, das im Film immer wieder zu sehen ist. 1968/69 wurden Teile der Innenstadt abgerissen, um Baufreiheit für den Uniturm (Jentower) zu schaffen.

DAS UNSICHTBARE VISIER

Die Hauptrolle der Fernsehserie über einen DDR-Spion übernahm Armin Mueller-Stahl. Er kundschaftet Nationalsozialisten aus, die im westlichen Ausland untergetaucht sind. Im dritten Teil nimmt der Agent an einem Geheimtreffen teil, auf dem die Aufrüstung der Bundesrepublik vorbereitet wird. Gefilmt wurde 1973 auf Schloss Burgk (Saale-Orla-Kreis), worauf auch der Titel dieser Folge – „Das Wasserschloß" – anspielt. Es liegt oberhalb eines Tals der Saale.

Beliebte Filmkulisse: Schloss Burgk

LOTTE IN WEIMAR

Trotz der großen Verehrung Thomas Manns wurde in der DDR nur ein einziger seiner Romane verfilmt. Der Spielfilm erzählt von einem mehrwöchigen Besuch der inzwischen gealterten Lotte aus Goethes Roman „Die Leiden des jungen Werthers" in Weimar.

Das legendäre Hotel „Elephant" ist Dreh- und Angelpunkt der Filmhandlung. Hier sowie im Babelsberger Studio standen die Filmkameras. Mit Lilli Palmer übernahm ein Weltstar die Titelrolle. Der Film erlebte seine Premiere im Jahr 1975.

SUSHI IN SUHL

Das japanische Restaurant „Waffenschmied" war zu DDR-Zeiten legendär. Ab 1966 hatte es Rolf Anschütz in Suhl geführt. 45 Jahre später griff eine Komödie die abenteuerliche Lebensgeschichte des Gastronomen auf. Die Hauptrolle übernahm der Kabarettist Uwe Steimle. Eigens für den Film wurde am Schmalkaldener Schlossberg ein leerstehendes Wirtshaus zum „Waffenschmied" umgebaut. Weitere Szenen entstanden in Gotha, Tabarz, Ohrdruf und Erfurt.

LUTHER

Die deutsch-amerikanische Koproduktion wurde zwar an authentischen Luther-Orten gedreht, etwa im Erfurter Augustinerkloster sowie auf der Wartburg. Allerdings spielten sie dann teils andernorts. So entstanden im prächtigen

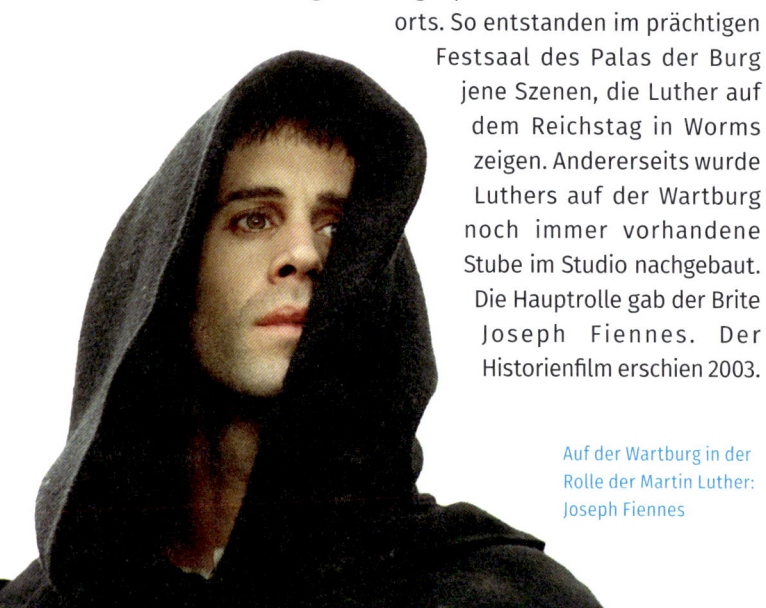

Festsaal des Palas der Burg jene Szenen, die Luther auf dem Reichstag in Worms zeigen. Andererseits wurde Luthers auf der Wartburg noch immer vorhandene Stube im Studio nachgebaut. Die Hauptrolle gab der Brite Joseph Fiennes. Der Historienfilm erschien 2003.

Auf der Wartburg in der Rolle der Martin Luther: Joseph Fiennes

DIE GELIEBTEN SCHWESTERN

Gab es die legendäre Ehe zu dritt – oder gab es sie nicht? Schillers vermeintliche Liebe zu seiner Schwägerin ist ein Mysterium. Inniglich verbunden war er Caroline auf jeden Fall, obwohl er Charlotte ehelichte und mit ihr vier Kinder zeugte. Regisseur Dominik Graf inszeniert diese Beziehungskiste als frivoles Drama. Fünf Produktionsorte gab es anno 2012 in Thüringen: Schloss Altenburg, die Heidecksburg in Rudolstadt (Heimatort der Schwestern), Weimar sowie Tautenhain und Orlamünde.

DER MEDICUS

Die Verfilmung des gleichnamigen Weltbestsellers von Noah Gordon erzählt von einem jungen Engländer, der sich im 11. Jahrhundert in Persien zum Arzt ausbilden lässt. Zu den Drehorten gehörte Burg Hanstein. Die Eichsfelder Ruine bildet eine perfekte Kulisse für das mittelalterliche England. Mit Ben Kingsley in der Rolle des legendären Arztes Ibn Sina gelang ein Besetzungscoup. Der Film lief 2013 in den Kinos an und wurde ein Jahr später als Zweiteiler von der ARD ausgestrahlt.

Ben Kingsley

BALLON

2017 verfilmte Michael Bully Herbig eine spektakuläre Flucht aus der DDR. 1979 hatten zwei Familien aus Pößneck die militärisch gesicherte Grenze mit einem selbstgebauten Heißluftballon überwunden. Gedreht wurde der Thriller unter anderem im Grenzmuseum von Mödlareuth. Das Dorf war zu DDR-Zeiten geteilt. Mauern und Zäune trennten den thüringischen vom bayerischen Ortsteil. Der Fernseh-Mehrteiler „Tannbach" nimmt die Geschichte des Dorfs in den Fokus; die Dreharbeiten fanden jedoch andernorts statt.

Mit Tinte und einem fröhlichen Furz

Auf der Wartburg übersetzte Martin Luther 1521/22 nicht einfach nur das Neue Testament ins Deutsche. Er schrieb zugleich Weltgeschichte. Mit seinem zehnmonatigen Aufenthalt verbinden sich weitverbreitete Irrtümer.

Luthers großer Wurf

Ein Tisch, ein Stuhl und ein Hocker, dazu ein Kachelofen – die Lutherstube auf der Wartburg ist karg möbliert. Doch ohnehin sucht hier ein Gutteil der Touristen nach einem ganz anderen Sachzeugnis. Irgendwo hinter dem Ofen, da soll er sich befinden, jener Tintenfleck, der entstand, als Luther mit einem Tintenfass nach dem Teufel warf. Bereits im 17. Jahrhundert haben sich Besucher an dem Fleck zu schaffen gemacht und Brocken aus der Wand gebrochen. Die Burgherren erneuerten den Fleck immer mal wieder. Erst zu Beginn des 19. Jahrhunderts verzichteten sie darauf. Seither gehen Souvenirjäger leer aus. Die Legende hält sich trotzdem. Doch kann sie überhaupt stimmen?

Luther hielt den Teufel zweifelsohne für existent, ebenso Hexen und Zauberer. Zugleich war er aber auch überzeugt, dass Satan über rechtschaffende Christen keine Macht erlangen kann. Für den Fall, dass er dennoch aufdringlich werden sollte, empfahl der Reformator ein schlichtes Gegenmittel: Der Leibhaftige lasse sich mit einem fröhlichen Furz vertreiben. Wer derart ungeniert mit dem Teufel umzugehen weiß, dem trauen wir natürlich auch zu, mit einem Tintenfass nach ihm zu werfen.

Die ältesten bekannten Schriftquellen über diesen Wurf stammen aus der Zeit um 1600. Erstaunlicherweise erzählen sie aber nicht von der Wartburg. Der sagenhafte Moment soll sich vielmehr in Wittenberg zugetragen haben. Hier war es auch nicht Luther, der zum Fass griff. Vielmehr schmiss der Teufel „das Schreibgezeug hinder den Ofen". Zu Beginn des 18. Jahrhunderts wurde die Geschichte auch nach Coburg verortet. Auf der dortigen Veste „zeigete man einen schwartzen Flecken, welchen Lutherus gemachet, als er hier das Dinte-Faß nach dem Teuffel geworffen".

Handelt es sich um eine wandernde Sage? Wurde sie irgendwann auch auf die Wartburg übertragen? Tatsächlich hat Luther hier den Teufel mit Tinte ausgetrieben – mit jener Tinte, die beim Übersetzen des Neuen Testaments geflossen ist. Dies war Luthers großer Wurf.

Die Erfindung des modernen Deutsch

Am 21. September 1522 erschien Luthers Neues Testament in gedruckter Form. Der Glaube, dass es sich dabei um die erste Bibel in deutscher Sprache handelt, ist weitverbreitet – und falsch. Bereits in den 1420er Jahren war mit der Ottheinrich-Bibel eine prächtige Handschrift in deutscher Sprache entstanden. Anno 1466 wurde erstmals eine Heilige Schrift auf Deutsch gedruckt, 17 weitere deutsche Bibeldrucke folgten bis 1522.

Worin besteht dann Luthers besonderes Verdienst im Hinblick auf die Sprache? Eine Antwort gab der Theologe Gottfried Herder: „Luther ist's, der die deutsche Sprache, einen schlafenden Riesen, aufgeweckt und losgebunden." Zum Sprachgenie wurde der Reformator, weil er sich von einer einfachen Maßgabe leiten ließ: Wer verstanden werden will, muss dem Volk aufs Maul schauen. Das bedeutete keineswegs, dem Volk nach dem Mund zu reden. Vielmehr hatte Luther ein anschauliches Deutsch im Sinn. Das klingt für uns selbstverständlich. Damals war diese Haltung bahnbrechend. Vor Luther lehnten sich alle Bibel-Übersetzer sehr eng an die Urtexte an, indem sie Wort für Wort übertrugen. Stattdessen übertrug der Reformator dem Sinn nach.

Zweifelsohne gilt Luthers Übersetzung als ein Meilenstein auf dem Weg hin zu einer einheitlichen deutschen Schriftsprache. So weit, so gut. Doch damit verbindet sich ein weiterer Irrtum. Luthers Deutsch ist für heutige Menschen alles andere als leichtverständlich. Das offenbart sich immer dann, wenn wir das Original zu lesen versuchen. Lassen wir einfach mal jenen Satz aus dem Lukasevangelium auf uns wirken, der von Jesu Geburt erzählt. „vnnd sie gepar yhren ersten son, vnnd wickelt yhn ynn windel, vnd leget yhn ynn eyn krippen, denn sie hatten sonst keynen raum ynn der herberge." Ins heutige Deutsch übersetzt liest sich dieser Satz so: „Und sie gebar ihren ersten Sohn und wickelte ihn in Windeln und legte ihn in eine Krippe, denn sie hatten sonst keinen Raum in der Herberge." Es war also noch ein weiter Weg, ehe aus der damaligen die heutige Sprache wurde.

Junker Jörg

Zehn Monate lebte Martin Luther inkognito auf der Wartburg. Er ließ sich einen Vollbart stehen und das Haupthaar wachsen. Er legte die Mönchskutte ab und trug ein ritterliches Wams. Kurzum: Bruder Martin verwandelte sich in Junker Jörg. Schon nach wenigen Tagen notierte er, dass er sich selbst nicht mehr erkennen würde. Eines der berühmtesten Porträts aller Zeiten hält Luthers damaliges Aussehen fest. Der Maler Lucas Cranach hatte den Reformator als Junker Jörg in Holz geschnitten. Kunsthistoriker gingen lange Zeit davon aus, dass die Vorzeichnung im Dezember 1521 zu Papier gebracht worden ist. Doch neuerdings tauchen nicht nur Zweifel an der Datierung auf. Jüngere Forschungen des Historikers Thomas Kaufmann legen die Vermutung nahe, dass der Holzschnitt in einem vollkommen anderen Kontext entstanden sein könnte.

Demnach fertigte Cranach das Bildnis nicht vor 1537 an, also frühestens 15 Jahre nach Luthers Aufenthalt auf der Wartburg. Kaufmann ist überzeugt, dass das Porträt nicht Junker Jörg zeigt. Vielmehr sehen wir Luther, der nach wochenlanger Krankheit dem Tode entronnen ist. Nun kann er sich wieder frohen Mutes seiner Mission widmen. Das Bild des bärtigen Luthers sei erst nach dessen Tod (1547) zum Porträt des Junkers Jörg verklärt worden.

Doch kommt es darauf wirklich an bei einem Bildnis, dass sich derart ins kollektive Gedächtnis eingeprägt hat?

Luther als Junker Jörg: Muss die Geschichte dieses berühmten Porträts neu geschrieben werden?

Wer ist der berühmteste Thüringer?

Wie lautet die Antwort? Ist es Schiller? Nein! Goethe? Auch nicht. Ganz abgesehen davon, dass der eine Württemberger und der andere Hesse war, leistete ein anderer, noch dazu in Thüringen geborener Künstler einen größeren Beitrag zur Weltkultur. Seit 300 Jahren begeistert er Menschen mit seiner himmlischen Musik. Über ihn sagte Beethoven: „Nicht Bach, Meer sollte er heißen.“

Warum weisen Lexika für Johann Sebastian Bach zwei Geburtstage aus?

Bach wurde am 21. März 1685 geboren. Menschen, denen Formalien wichtiger sind als das wahre Leben, feiern seinen Geburtstag jedoch erst am 31. März. Das liegt an der Ablösung des julianischen durch den bis heute gültigen gregorianischen Kalender. Diese Reform vollzog Bachs Heimatort Eisenach im Jahre 1700. Sie machte ihn theoretisch um zehn Tage jünger. Den Komponisten kümmerte das wenig: Er gab weiterhin den 21. März als sein Geburtsdatum an. Um beiden Kalendern gerecht zu werden, vermerken Lexika zwei Geburtstage. Unstrittig ist das Sterbedatum am 28. Juli 1750.

Wie umfassend ist sein musikalisches Schaffen?

Das Bach-Werke-Verzeichnis – kurz: das BWV – umfasst 1177 Stücke. Exakt lässt sich sein Schaffen jedoch nicht beziffern, da es verschollene Werke gibt. Das BWV listet außerdem 119 Kompositionen zweifelhafter Echtheit auf. Als BWV1 ist die Kirchenkantate „Wie schön leuchtet der Morgenstern“ gelistet. Zum BWV gehören Messen, Lieder und Arien, Orgel- und Cembalowerke, Kammermusik und Orchesterwerke, Sonaten und Fugen …

Welches Bach'sche Werk ist das bekannteste?

„Jauchzet, frohlocket! Auf, preiset die Tage.“ Wenn ein Chor diese

Zeilen anstimmt, dann sind die Zuhörer sogleich mittendrin im Geschehen. Es tönen die Pauken und erschallen die Trompeten. Bachs Weihnachtsoratorium ist ein Inbegriff festlicher Musik. Jeden Dezember gibt es zahlreiche Aufführungen. Dann hören wir aber meist nur Auszüge. Die Originalfassung besteht aus sechs umfänglichen Teilen. Sie sollten nach Bachs Intention an sechs Tagen zwischen Heiligabend und dem Dreikönigstag (6. Januar) aufgeführt werden.Ist das Weihnachtsoratorium wirklich sein bekanntestes Werk? Sagen wir es mal so: Es befindet sich in bester Gesellschaft mit der Matthäus-Passion, der Kunst der Fuge und den Brandenburgischen Konzerten.

Wurde der Komponist im Eisenacher Bachhaus geboren?

Als 1907 in dem Gebäude ein Museum eingerichtet wurde, war man davon noch überzeugt. Eine Gedenktafel erinnerte daran. Mittlerweile gibt es erhebliche Zweifel. Bachs Vater Ambrosius hatte 1674 ein Haus in der Fleischgaß (heutige Lutherstra-

Das Johann-Sebastian-Bach-Denkmal vor dem Bach-Haus in Eisenach ße) erworben; dort dürfte die Familie auch gelebt haben. Das Gebäude existiert nicht mehr. Der Name Bachhaus ist dennoch nicht falsch: In der Mitte des 18. Jahrhunderts lebten in ihm Verwandte des Komponisten.

Wurde Bach die Musik in die Wiege gelegt?

Er entstammte einer Dynastie von Musikern. Sein Vater war Stadtpfeifer und Hoftrompeter in Eisenach. Als Kind soll Johann Sebastian Bach eine schöne Singstimme gehabt haben. So wie der ebenfalls in Eisenach aufgewachsene Martin Luther sang er im Kirchenchor und verdiente sich mit Ständchen ein Zubrot als Kurrendesänger.

Wo in Thüringen wirkte Bach als Musiker?

Mit 18 Jahren erhielt er am Weimarischen Hof seine erste Stelle. Bach wurde Violinist. Wenige Monate später wechselte er nach Arnstadt, nun als Organist. 1707 ging er als Organist nach Mühlhausen. Schon damals gehörte es zu seinen Aufgaben, beständig neue Kantaten zu komponieren. 1708 kehrte Bach zurück nach Weimar.

Wer hört überhaupt noch Bach?

Seine Musik ist weltweit beliebt. Populärster Fan ist der ehemalige US-Präsident Barack Obama. Er hört zur Entspannung gern Bob Dylan, R&B und Hip-hop – sowie Johann Sebastian Bach.

Bach-Liebhaber:
Barack Obama

Wurde der Komponist wirklich in Weimar eingekerkert?

Ja. Im Herbst 1717 ließ der Weimarer Herzog seinen Konzertmeister in Arrest stecken „wegen seiner Halßstarrigen Bezeugung u. zu erzwingenden dimission". Nach neun Jahren im Dienst des Herzogs hatte Bach einen Vertrag als Kapellmeister am Hof von Anhalt-Köthen unterschrieben, ohne zuvor in Weimar offiziell um Entlassung zu bitten. Der Vorgang hat eine längere Vorgeschichte. Der Landesherr hatte seinen weithin bekannten Musiker immer mal wieder kompromittiert. Schließlich wollte Bach einfach nur noch weg. Zur Strafe musste der Komponist vier Wochen in einer Arreststube der Weimarer Bastille verbringen. Dann entließ man ihn in Ungnade. Der Superstar zog nach Köthen, 1723 dann nach Leipzig. Johann Sebastian Bach kehrte nie wieder für längere Zeit nach Thüringen zurück.

Gibt es Bach auch als Briefmarke?

Ja, sogar in vielen Ländern. Die überhaupt erste Bach-Marke erschien im Rahmen der 1926/27 aufgelegten Serie „Berühmte Deutsche". Diese Briefmarke hat einen Nominalwert von 0,50 Reichsmark. Heute ist sie im Bestzustand rund 100 Euro wert.

Leben noch Nachfahren von Johann Sebastian Bach?

Der Komponist hatte in erster Ehe sieben und in zweiter Ehe zehn Kinder. Vier aus erster und sieben aus zweiter Ehe starben bereits vor ihrem Vater. Lediglich von seinem zweitjüngsten Sohn Johann Christoph Friedrich Bach (1732–1795) gibt es noch Nachfahren, die damit in direkter Blutlinie zum weltberühmten Komponisten stehen.

„Lieben Sie mich, es ist nicht einseitig"

Stimmt es, dass Schiller über Goethe sagte, dieser käme ihm vor wie eine prüde Frau, der man ein Kind machen müsse, um sie vor aller Welt zu demütigen? Ja, es stimmt! Diese Einlassung erzählt von einer Hassliebe, aus der die produktivste Dichter-Freundschaft aller Zeiten erwachsen sollte.

Der Mythos der Weimarer Klassik – nirgends ist er so offensichtlich wie vorm Deutschen Nationaltheater. Seit 1857 stehen hier die bronzenen Abbilder zweier Großer. Goethe legt freundschaftlich seine linke Hand auf Schillers Schulter. Mit der rechten reicht er ihm fast beiläufig einen Lorbeerkranz. Generationen von Deutschlehrern nebst ihren Schülern haben versucht, das Denkmal immer wieder neu zu beschreiben, zu enträtseln gar. Dabei ist alles ganz einfach. Wir sehen, wie zwei Männer den Bund ihres Lebens eingehen. Wir bestaunen jenen Moment, den Goethe rückblickend ein „glückliches Ereigniß" nannte.

Dabei hatte die innigliche Freundschaft alles andere als verheißungsvoll begonnen. Als Schiller 1787 in Weimar eintraf, befand sich Goethe in Italien. Das hinderte den Autor der „Räuber" freilich nicht daran, den Geburtstag Goethes in dessen Garten ausgelassen zu feiern. „Wir fraßen herzhaft und Göthens Gesundheit wurde von mir in Rheinwein getrunken." 1788 begegneten sie sich erstmals auf einer Gesellschaft in Rudolstadt, ohne dass es zu einem persönlichen Gespräch kommen sollte. Tatsächlich war es Goethe, der ausgewichen ist. Der Jüngere mißfiel ihm; zu sehr erinnert ihn Schillers Sturm und Drang an jenes Ungestüm, das er selbst gern abgelegt hatte.

Schiller blieb die Abneigung nicht verborgen. Einige Monate später hielt er fest: „Oefters um Goethe zu sein, würde mich unglücklich machen: er hat auch gegen seine nächsten Freunde kein

Moment der Ergießung, er ist an nichts zu fassen; ich glaube in der That, er ist ein Egoist in ungewöhnlichem Grade. (…) Mir ist er dadurch verhaßt, ob ich gleich seinen Geist von ganzem Herzen liebe und groß von ihm denke. Ich betrachte ihn wie eine stolze Prude, der man ein Kind machen muß, um sie vor der Welt zu demüthigen."

Immerhin setzte sich Goethe beim Weimarer Herzog dafür ein, Schiller als Professor an die Universität Jena zu berufen. Die Stelle sollte ihm vorerst „ohne Gehalt konferirt" werden. Wollte er Schiller befördern – oder wegloben? Wie auch immer: Schiller, der zwar über Schulden verfügte, nicht aber über ein geregeltes Einkommen, willigte ein. Offenbar hoffte er, dass sich für ihn dennoch finanzielle Vorteile ergeben.

Vier, fünf Jahre verstrichen, in denen die Dichter einander zwar wahrnahmen, aber eben auch kaum mehr. Dann, im Sommer 1794, machte der Jenaer Professor dem Weimarer Geheimrat zwar kein Kind, dafür aber ein Angebot, dass Goethe nicht ablehnen konnte. In einem formvollendeten Brief sprach er ihn an als „Hochwohlgebohrner Herr, hochzuverehrender Herr Geheimer Rath". Schiller lud ihn ein, an der Literaturzeitschrift „Die Horen" mitzuarbeiten. Für den Weimarer bot sich die einmalige Gelegenheit, „manches, das bey mir ins Stocken gerathen ist, wieder in einen lebhaften Gang (zu) bringen".

Eine Woche später trafen sie sich in Jena. Noch sprachen sie nicht über Dichtkunst. Im Fokus stand vielmehr eines von Goethes Lieblingsthemen, die Metamorphose der Pflanzen. Goethe plauderte voller Begeisterung. Schiller gab sich skeptisch, was den Vortragenden verdrießlich stimmte. Und dennoch legten beide Einzelgänger an diesem Tag die Geschäftsgrundlage für die produktivste Dichterfreundschaft auf Erden. Das veränderte alsbald auch ihr persönliches Verhältnis. Schon 1795 ließ Goethe den einst gemiedenen Schiller wissen: „Lieben Sie mich, es ist nicht einseitig."

Als Schiller 1805 einer Krankheit erlag, hielt Goethe fest, mit ihm habe er „die Hälfte meines Daseyns" verloren. Er überlebte den Freund um 27 Jahre.

Von Thüringen in die Welt

„Drei Tage in Weimar, und man kann auf Lebenszeit kein Quadrat mehr sehen." So ätzte 1923 der Kritiker Paul Westheim über die erste Ausstellung des Bauhauses. Ein Jahrhundert später ist die Situation eine völlig andere. Aus aller Welt strömen Touristen herbei, um die authentischen Sachzeugnisse der Kunstschule zu bestaunen.

Es waren Gedanken wie Donnerhall, mit denen das Bauhaus 1919 seine Gründung vermeldete. „Architekten, Bildhauer, Maler, sie alle müssen zum Handwerk zurück. Denn es gibt keine Kunst von Beruf. (…) Dort ist der Urquell des künstlerischen Gestaltens." Das Manifest hatte der Architekt Walter Gropius verfasst. Für ihn stand fest: „Das Endziel aller bildnerischen Tätigkeit ist der Bau!"

Mit dieser Programmatik lockte das Bauhaus herausragende Künstler an. Lyonel Feininger und Oskar Schlemmer kamen, Wassily Kandinsky und Paul Klee, Johannes Itten und László Moholy-Nagy. Gropius erklärte: „Wir dürfen nicht mit dem Mittelmäßigen beginnen, sondern wir haben die Pflicht, starke, in der Welt bekannte Persönlichkeiten, wo sich nur Gelegenheit bietet, heranzuziehen, auch wenn wir sie innerlich noch nicht verstehen." Ganz in diesem Sinne war das Bauhaus mehr als nur eine Menagerie großer Namen. Das Bauhaus war eine Idee, die von Thüringen aus die Welt eroberte. Sie prägte nicht nur die internationale Architektur. Sie sorgte ebenso für etliche Design-Klassiker – von der Teekanne über Lampen bis hin zu Stahlrohr-Möbeln.

Begonnen hatte alles in äußerst bewegten Zeiten. Schon vor dem Ersten Weltkrieg war Walter Gropius als Direktor der Großherzoglichen Kunstgewerbeschule (Weimar) im Gespräch. Dann sollte er Leiter der Architekturklasse an der Weimarer Hochschule für bildende Kunst werden. Doch erst nach Kriegsende wurde er berufen. Gropius vereinigte beide Schulen zum Staat-

Das Haus am Horn ist der Prototyp des Bauhauses. Es zeigte 1923 exemplarisch auf, wie sich die Kunstschule das zeitgemäße Wohnen vorstellte.

lichen Bauhaus. Zur gleichen Zeit tagte die verfassungsgebende Nationalversammlung der Weimarer Republik. Die Geschichte des Bauhauses blieb fortan mit der des Reichs aufs Engste verknüpft. 1933, wenige Monate nach der Machtübernahme durch die Nationalsozialisten, musste es sich auflösen.

Bereits 1924/25 erfuhr die Kunstschule erstmals, was sich ändernde politische Verhältnisse bedeuten können. Rechtskonservative Parteien hatten die Thüringer Landtagswahlen gewonnen. Alsbald sah sich das Bauhaus einer massiven Hetze ausgesetzt. Die Haushaltsmittel wurden um die Hälfte gekürzt. Gropius erhielt die Kündigung. Daraufhin zogen die Bauhäusler von Weimar ins liberalere Dessau.

Die Stimmungsmache hatte sich an der ersten Leistungsschau des Bauhauses entzündet. Eigens für diese Ausstellung war 1923 in Weimar das quadratische Haus am Horn errichtet worden. Das Einfamilienhaus revoltierte gegen jedes architektonische Vorbild. Dabei war der Bungalow weit mehr als nur ein weißer Kasten. Gemeinsam entwarfen die Bauhaus-Werkstätten eine mitunter experimentelle, vor allem aber funktionale Innenausstattung. Sie kreierten Möbel und bauten Leuchten, sie webten Teppiche und töpferten Gefäße, sie strichen die Innenräume in Pastelltönen an.

„Das Ideal des Wohnhauses liegt in der Zukunft und nicht in irgendwelchen vergangenen Kulturepochen", erklärte der Leiter der Weberei, Georg Muche. Er und die Bauhausschülerin Elsa Franke stehen im Mittelpunkt einer Liebesgeschichte, die rund um das Haus am Horn gewebt wurde. Beide waren seit 1922 verheiratet. Das Haus sei entsprechend ihrer persönlichen Bedürfnisse geplant worden, hieß es. Der Architekt Farkas Molnár sorgte für die dazugehörige Illustration. Er zeichnete Elsa und Georg als nacktes Paar vor der Kulisse des Baus. Eingezogen sind sie hier allerdings nie.

Das Haus am Horn wurde 1996 zum Weltkulturerbe erklärt – und mit ihm die Schulgebäude des Staatlichen Bauhauses. 2019 eröffnete in Weimar das Bauhaus-Museum.

Ort des Grauens

Buchenwald ist ein Ort, an dem Hundertausende litten und starben. Er steht zugleich für die Janusköpfigkeit von Weimar. Unweit der Klassikerstadt befand sich das größte Konzentrationslager im Gebiet des Deutschen Reichs. Jährlich kommen bis zu einer halben Million Menschen, um der Opfer zu gedenken. Wie hat unser Autor seine Besuche erlebt?

Ein Tag in Buchenwald bei Weimar. Ich besuche einen Ort, den ich 1978 erstmals erlebt hatte. Ich stehe am Lagertor, fotografiere den Schriftzug „Jedem das Seine". Eine Gruppe junger Franzosen drängelt vorbei. Ich versuche, mich zu erinnern. Wie hatte ich als 14-Jähriger meinen Besuch in der Gedenkstätte wahrgenommen? War ich tief betroffen, ganz so, wie ich es heute bin? Oder sah ich den Besuch doch nur als Pflichtprogramm meines Jugendweihe-Jahrgangs?

Ich will den Weg noch einmal gehen, wie ich ihn damals gegangen bin. Ich möchte mich exakt so durch die Gedenkstätte bewegen, wie es die in den 1950er-Jahren ersonnene Dramaturgie vorgesehen hat. Ich laufe zum Krematorium und hin zu jener Stelle, an der 1944 Ernst Thälmann, der Vorsitzende der Kommunistischen Partei, ermordet worden ist. Weiter geht es zum 1958 eingeweihten Mahnmal. Es liegt außerhalb des mit Stacheldraht umzäunten Lagergeländes, was auch seiner monumentalen Größe geschuldet ist.

Ich steige einen Hang hinab zu drei Massengräbern. Sie stehen stellvertretend für die 56.000 Todesopfer des nationalsozialistischen Lagers. Am Fuße der Anlage folgt parallel zum Ettersberg die Straße der Nationen. Sie erinnert an die Herkunft der Häftlinge, sie ist zugleich ein Sinnbild der Solidarität. Schließlich geht es wieder steil bergan, hinauf zum Glockenturm und zum Buchenwald-Denkmal Fritz Cremers. Elf überlebensgroße Figuren erwarten mich; es sind Häftlinge im Moment ihrer Selbstbefreiung.

Angesichts dieser Inszenierung sprach Volkhard Knigge, langjähriger Direktor der Gedenkstätte, von einem „säkulären Kreuzweg und politischen Läuterungspfad". Heute, mehr als 40 Jahre nach meinem ersten Buchenwald-Besuch, ist mir bewusster denn je: Die angebliche Selbstbefreiung der Häftlinge, wohlweislich angeführt von Kommunisten, gehörte zum Gründungsmythos der DDR. Aus dem Antifaschismus, der zur Staatsdoktrin wurde, hatte sich der Führungsanspruch der SED abgeleitet.

Ich weiß, ich weiß … Generationen von Thüringern sind mit dem Mythos der Selbstbefreiung aufgewachsen. Auch ich habe Bruno Apitz' Roman „Nackt unter Wölfen" gelesen, auch ich habe die Verfilmung gesehen. Zweifel am Pathos hatte ich als Jugendlicher nie. Dass die SS-Wachmannschaft bereits auf der Flucht vor der anrückenden US-Armee war, hatte man uns nicht erzählt.

Heutigen Besuchern steht die Möglichkeit des differenzierteren Blicks offen. Dies gilt wenigstens in zweierlei Hinsicht. Von den einst mehr als 270.000 Häftlingen waren nur etwa 700 Mitglieder der KPD; entsprechend erinnert die Gedenkstätte seit den 1990er Jahren ausdrücklich an alle Opfergruppen. Zum anderen erzählt seit 1997 eine zusätzliche Ausstellung die Geschichte des sowjetischen „Speziallagers Nr. 2". Es bestand von 1945 bis 1950 in Buchenwald. Seine Existenz war in der DDR vor 1990 nie öffentlich thematisiert worden. Rund 7000 der 28.000 Inhaftierten starben.

Schwerpunkt der Erinnerungsarbeit der Gedenkstätte ist und bleibt trotz alledem die Geschichte des nationalsozialistischen Konzentrationslagers und der hier begangenen Verbrechen. Das erwies sich auch anlässlich des 60. Jahrestages der Einweihung des Mahnmals von 1958. Rund 2,7 Millionen Euro wurden für dessen Sanierung ausgegeben – wohlweislich für das Nationaldenkmal der DDR.

Ich laufe durch Buchenwald, ich suche nach Antworten. Wie war das, als ich mit 14 Jahren die Gedenkstätte erstmals erlebt hatte? Ich finde keine Antwort. Habe ich es vergessen? Oder gar verdrängt?

Das von Fritz Cremer geschaffene Buchenwald-Denkmal wurde 1958 eingeweiht. Es steht unmittelbar vor dem weithin sichtbaren Glockenturm und ist der bekannteste Teil des monumentalen Mahnmals.

Zehn Fragen zum Kultmoped

· ·

Eine Schwalbe macht noch keinen Sommer. So besagt es eine
Redensart. Selbst auf die motorisierte Schwalbe scheint sie zu-
zutreffen. Das Kleinkraftrad ist Teil einer Vogelfamilie, zu der
auch zwei Greifvögel gehören. Produziert wurden sie alle in Suhl.
Kultstatus genießt allerdings allein die Schwalbe.

Gab es bereits Suhler Kleinkrafträder vor der Schwalbe?

Seit 1958 war der Vorläufer der Schwalbe unter dem sperrigen Namen „KR 50" gebaut worden. Das Kürzel stand für Kleinroller mit 50 Kubikzentimeter Hubraum. Dieser Name lehnte sich an Vorbildern aus dem Automobilbau an, etwa dem „P 70" (Trabant-Vorgänger). Als das Suhler Simson-Werk 1964 damit begann, eine neue Modellfamilie zu begründen, behielt man zwar Kurznamen bei, gesellte diesen aber zugleich eingängige Vogelnamen bei. Die „KR 51" wurde zur Schwalbe.

Welche Zweiräder gehören zur Vogelreihe?

Gemeinsam mit der Schwalbe wurden der einsitzige Spatz und der sportliche Star auf der Leipziger Frühjahrsmesse 1964 vorgestellt. Später folgten der leistungsstärkere Sperber und der motorradähnliche Habicht. Die Vögel verfügten über viele identische Bauteile. Das Baukasten-Prinzip gestattete nicht nur eine kostengünstige Produktion, sondern erleichterte auch die zu DDR-Zeiten recht kritische Ersatzteilversorgung.

Warum wurde die Schwalbe ausgerechnet in Thüringen gebaut?

Bereits vor dem Zweiten Weltkrieg wurden bei Simson in Suhl zunächst Pkw sowie später Motorräder hergestellt. 1948 nahm das Werk die Produktion von Motorrädern wieder auf, später folgten auch Kleinkrafträder. Im planwirtschaftlich organisierten System der DDR fiel zu Beginn der 1960er Jahre die Entscheidung, dass Motorräder nur noch in Zschopau (MZ) gebaut werden. Suhl konzentrierte sich fortan auf Kleinkrafträder. Das volkseigene Werk hatte rund 4000 Beschäftigte. Es war zeitweise der größte Hersteller motorisierter Zweiräder in Europa.

Wurde die Schwalbe je modernisiert?

Zwischen 1964 und 1986 verließen drei Baureihen in verschiedenen Modifikationen das Suhler Werk. Während sich das

Design nur in Details veränderte, erneuerte man alle technischen Baugruppen wesentlich. Der Motor wurde mehrfach überarbeitet und dadurch durchzugsstärker. Zunächst gab es die Schwalbe nur mit Handschaltung, ehe sich die Fußschaltwippe immer mehr durchzusetzen begann. Auch der Federungskomfort konnte verbessert werden.

Wie viele Schwalben fliegen noch über unsere Straßen?

Exakte Bestandszahlen gibt es nicht. Sicher ist nur, dass etwas mehr als eine Million Schwalben in Suhl gefertigt wurde. Schätzungen zufolge ist noch jeder fünfte bis siebte dieser Roller intakt.

Gibt es prominente Schwalbe-Fahrer?

Wer jetzt an „Schwester Agnes" denkt, liegt richtig – und erliegt zugleich einem populären Irrtum. In dem Defa-Spielfilm knattert Agnes Krause auf einer weißen Schwalbe durch das ihr als Gemeindeschwester anvertraute Dorf. Tatsächlich konnte die Schauspielerin aber nicht fahren. Sämtliche Szenen, die sie beim freien Fahren zeigen, wurden gedoubelt.

Besaß die Schwalbe bereits in der DDR ihren Kultstatus?

Ganz klar: Nein! Jugendliche begeisterten sich weit mehr für die sportlicheren Modelle der Vogelfamilie sowie für deren Nachfolger „S 50" und „S 51". Mit ihrem breiten Durchstieg verkörperte die Schwalbe einen gemächlichen, komfortorientierten Habitus. Dieses Design-Prinzip ist noch immer prägend für Roller. Zum Kult wurde die Schwalbe erst nach der deutsch-deutschen Wiedervereinigung. Sie sieht nicht nur aus wie ein Oldie, sie ist ein Oldie.

Hat die Politik zum Kultstatus beigetragen?

Ganz klar: Ja! Die Beliebtheit der Schwalbe hat sehr viel mit einer Bestimmung des deutsch-deutschen Einigungsvertrages zum Bestandsschutz zu tun. Fans beschert sie gleich drei Vorteile.

1. Obwohl die Schwalbe bis zu 60 km/h erreicht, reicht ein Führerschein der Klasse AM aus. Normalerweise darf man damit nur Zweiräder fahren, die maximal 45 km/h schnell sind.
2. Um loszudüsen braucht man lediglich ein Versicherungskennzeichen, sofern die Schwalbe vor 1992 das erste Mal zugelassen worden ist.
3. Schwalben sind von der Kfz-Steuer befreit.

Was kostet heutzutage eine Schwalbe?

In Internetportalen werden Wunscherlöse genannt, die oft zwischen 1500 und 4500 Euro liegen. Die Preise schwanken stark und sind abhängig von Baujahr, Originalität und Zustand. Gut erhaltene Modelle sind teurer als einst in der DDR.

Was hat die E-Schwalbe mit der Schwalbe zu tun?

2017 erlebte die Schwalbe ihre Wiedergeburt. Der Elektroroller nimmt die Formensprache der Schwalbe auf, auch der Schriftzug blieb erhalten. Die Vorentwicklung des Rollers hatte noch in Suhl stattgefunden. Dann überführte ein Münchner Unternehmen die E-Schwalbe in die Serienreife. Gebaut wird sie im polnischen Wrocław (Breslau).

POPULÄRER IRRTUM

Ist von einer Thüringer Schwalbe die Rede, dreht sich das Gespräch ausnahmsweise nicht um das Kultmoped, sondern tatsächlich um einen Vogel. Keineswegs handelt sich dabei aber um echte Schwalben – sondern um eine hierzulande gezüchtete Taubenart. Sie ist seit Ende des 17. Jahrhunderts bekannt.

Das liebste Kind der Thüringer

Nichts bewegt die Thüringer so sehr wie das Automobil. Seit der Wiedervereinigung ist es zum wichtigsten Verkehrsmittel geworden. Doch der Pkw vermag weit mehr als nur Menschen zu transportieren. Er eignet sich als Statussymbol ebenso wie als Sinnbild des Umweltfrevels. Der Rausch der Geschwindigkeit sowie die Verkehrsüberwachung sind freilich keine Erfindungen der jüngeren Geschichte.

„Es gibt Beamte, deren Gebaren beweist, daß es ihnen nicht auf eine Fürsorge zu besonnenem Fahren, sondern auf Abfassen vielleicht zu schnell fahrender Chauffeure und recht viele Anzeigen ankommt. Insbesondere in der Nähe von Krümmungen des Weges und bei etwas abschüssigen Straßen lauern sie hinter einem Baum versteckt auf die arglosen Opfer ihrer Anzeigenmanie. Derartige Stellen pflegt man Autofallen zu nennen." Wer sich heutzutage darüber echauffiert, dass im Radio regelmäßig Warnungen vor Radarfallen erfolgen, dem wäre auch in der guten alten Zeit nicht zu helfen gewesen. Obige Beschreibung stammt von 1909; sie erschien in der Zeitung „Thüringer Tribüne" unter der Überschrift „Gegen Autofallen".

Das Verfolgen von Rasern ist indes keine Erscheinung, die erst in der Ära des Automobils aufkam. Auch hier ist ein Blick in alte Zeitungen hilfreich. Das „Weimarische Wochenblatt" veröffentlichte zu Goethes Lebzeiten amtliche Bilanzen von „Zuwiderhandlungen gegen die Vorschriften der Straßenordnung". Dazu gehörten Anzeigen „wegen übermäßigen Schnellfahrens". Geldstrafen mussten die Kutscher nicht in Kauf nehmen. Die Polizei beließ es bei Verweisen.

Mittlerweile dienen Blitzer längst nicht nur der Verkehrssicherheit, sondern auch dem Füllen öffentlicher Kassen. Bei der Erstellung ihrer Haushaltspläne planen sowohl das Land als auch Kommunen alljährlich Millionenbeträge ein.

563

Autos entfallen auf je 1000 Einwohner Thüringens. Bundesweit liegt der Durchschnittswert bei 584 Pkw. Spitzenreiter ist das Saarland mit 659.

1.194.461

Pkw waren zu Jahresbeginn 2022 in Thüringen zum Straßenverkehr zugelassen. Das geht aus einer Erhebung des Kraftfahrt-Bundesamtes hervor.

522

Pkw werden in Thüringen als Krankenwagen bzw. als Einsatzfahrzeug für Notärzte genutzt.

91.618

Pkw sind in Thüringen auf gewerbliche Halter zugelassen. Dazu gehören Dienstwagen, Mietfahrzeuge und Taxis.

410

Autos je 1000 Einwohner – Jena hat die niedrigste Dichte an Pkw in Thüringen. Auch in Erfurt (463), in Weimar (471) und Gera (500) gibt es verhältnismäßig wenige Fahrzeuge.

634

Pkw kommen im Saale-Orla-Kreis auf jeweils 1000 Einwohner. Das ist der höchste Wert im Freistaat. Es folgen der Landkreis Hildburghausen (626) und der Landkreis Greiz (622).

Zehn vergessene Automarken

Seit dem Jahr 1898 werden Automobile in Eisenach hergestellt. Entsprechend weitverbreitet ist der Glaube, hier stünde die Wiege des thüringischen Fahrzeugbaus. Tatsächlich gebührt der Ruhm zwei Handwerksmeistern aus Ostthüringen

Victoria: Alles begann in Neustadt an der Orla

Am 10. Mai 1894 trugen sich Louis August Schneider und Friedrich Adolf Schütter ins Neustädter Handelsregister ein. Zweck ihrer Unternehmung war, Motorwagen herzustellen. Irgendwann in den kommenden Monaten starteten die beiden Handwerker ihre Versuchsfahrten. Daran, dass sie solche Ausfahrten unternahmen, besteht kein Zweifel. Im Neustädter Stadtarchiv hat ein Foto die Zeitläufe überdauert, das die Autopioniere samt ihrer Motordroschke zeigt.

Zeitgenössische Dokumente, die das Wirken der Motorwagenfabrik „Victoria" im Detail belegen, sind nicht erhalten. Schon im Oktober 1895 gaben die Neustädter wieder auf. Lag es an technischen Problemen? An den Finanzen? Hatten sie mehr als nur einen Wagen hergestellt? Es ist ungewiss.

Die Victoria basierte unverkennbar auf einer Kutsche. Der Motor befand sich im Heck.

Koco: Sportwagen aus Erfurt

Im Jahr 1920 entstand mit dem „Koco HK1" erstmals ein Pkw in Erfurt. Der Zweisitzer verfügte lediglich über 12 PS, aber er wog auch nur 420 Kilogramm. Somit schaffte er mühelos 65 km/h. Die Karosserie des „HK1" entsprach der beliebten Torpedo- bzw. Bootsform. Sowohl Bug als auch Heck liefen spitz zu.

Zu einem Meilenstein der deutschen Automobilgeschichte wurde dieser Zweisitzer wegen seiner Technik. Zum einen hatte „Koco" den Einsatz von Boxermotoren in Serienautos initiiert. Erst Jahre später besann sich auch Ferdinand Porsche dieses Konstruktionsprinzips; noch immer setzt Porsche auf Boxermotoren. Zum zweiten bestanden Kocos aus lediglich 650 Teilen. Bei anderen Autos war das Doppelte bis Dreifache üblich.

„Billig in Anschaffung, wirtschaftlich im Betrieb. Rassig in Formgebung und Leistung." So warben die Erfurter für ihre Wagen. Doch weder die vollmundige Reklame noch die wenigen erhalten gebliebenen Oldtimer können über Kocos Schicksal hinwegtäuschen. Der Hersteller hatte sich alsbald finanziell übernommen, ging 1921 in Konkurs, wurde neu gegründet und steuerte 1925 endgültig in die Pleite.

Freia: Kein Glück in Greiz

Exakt 1000 Reichsmark betrug der Ausgabepreis jeder Aktie der Kleinautobau AG. Am 1. November 1920 startete sie in Greiz ins Geschäftsleben. Noch im selben Jahr entstand der Prototyp eines dreirädrigen Fahrzeugs. Sein Motor stammte von Wanderer; er leistete 4 PS. Nach zwei Jahren nahm die Firma den Namen der nordischen Göttin der Liebe und des Glücks an – Freia. Zugleich begann der Bau von kleinen Sportwagen und Limousinen mit bis zu 30 PS. Ein Rennwagen mit 45 PS ergänzte das Portfolio. 1927 gab die Freia AG den Bau von Autos auf.

Loreley: Sagenhaftes aus Arnstadt

Das Familienunternehmen Ley ließ sich den Markennamen Loreley anno 1909 vom kaiserlichen Patentamt schützen. Schon vier Jahre zuvor war das erste Auto auf Räder gestellt worden. Der

Zweisitzer verfügte über einen wassergekühlten Vierzylinder. Ab 1908 ergänzten Sechszylinder das Angebot. Ley warb damit, seine Wagen auf steilen Straßen des Thüringer Waldes erprobt zu haben. Ab 1918 hießen die Fahrzeuge nur noch Ley. Die Pkw-Produktion endete 1928.

Pluto: Französische Lizenzwagen aus Zella-Mehlis

1896 gründeten Heinrich Ehrhardt und sein Sohn Gustav die Fahrzeugfabrik Eisenach. 1903/04 zogen sie sich nach einem Streit mit den Aktionären zurück. In Zella-Mehlis produzierten beide fortan Automobile in französischer Lizenz (Decauville). Vorübergehend kooperierten die Ehrhardts mit der Berliner Karosseriefabrik Szawe. 1924 gründete Gustav Ehrhardt die Pluto Automobilfabrik. Sie stellte ebenfalls französische Pkw her, nun von Amilcar.

Piccolo: Kleinwagen aus Apolda

„Das Fahrzeug der Zukunft" – mit einem vielversprechenden Slogan nahm die Firma „A. Ruppe & Sohn" 1904 den Bau eines Kleinwagens auf. Der Piccolo verfügte über einen Zweizylinder-Motor mit 5 PS. Schon bald wurden vierstellige Produktionszahlen erreicht. 1910 erfolgte die Umfirmierung zur Apollo Werke AG. Unter dem Namen Apollo wurden immer geräumigere sowie bis zu 40 PS starke Automobile gebaut. 1926/27 geriet die Firma in Turbulenzen und stellte die Produktion von Pkw ein.

Rex-Simplex: König der Einfachheit aus Ronneburg

1903 berichtete die Allgemeine Automobil-Zeitung (Wien) über eine aufsehenerregende Langstreckenfahrt. Ein Käufer hatte seinen Rex-Simplex in Ronneburg abgeholt und war damit 550 Kilometer nach Hause gefahren. 32 Stunden soll die Tour gedauert haben, sie verlief störungsfrei. Die „Deutsche Automobil-Industrie OHG" hatte seit 1888 an ihrem vorherigen Standort (Gera) Teile für andere Fahrzeughersteller produziert, darunter Benz sowie Daimler. 1902 begann die Produktion kleiner Lkw. Auf der Basis identischer Fahrgestelle wurden zeitweise Pkw gebaut. Nach dem Ersten Weltkrieg erlosch die Marke.

Simson Supra: Extravaganz aus Suhl

Populärster Fan und Besitzer eines Supra war der Schauspieler Manfred Krug. Sein „A" ist mittlerweile im Fahrzeugmuseum Suhl ausgestellt. Mit diesem achtzylindrigen Modell endete 1934 die Pkw-Produktion in Suhl. Begonnen hatte sie 1911. Den zwischenzeitlichen Durchbruch schaffte Simson mit dem ab 1924 verfügbaren „Typ S". Dessen Vierzylinder-Motor verfügte bereits über 16 Ventile. Dieses Konstruktionsprinzip erfuhr in den 1980er und 90er Jahren eine Renaissance. Bis zu 120 km/h war der „S" schnell, was seinen Fahrern schon bald zu Motorsporterfolgen verholfen hat.

Dixi: Die Wurzeln von BMW liegen in Thüringen

Das erste BMW-Automobil aller Zeiten lief unter dem Markennamen Dixi vom Band. Tatsächlich handelte es sich dabei um einen in Lizenz gefertigten Kleinwagen auf Basis des englischen „Austin 7". Hergestellt wurde dieser „Dixi 3/15" in der Eisenacher Fahrzeugfabrik, die seit 1928 den Bayern gehörte. Bereits 1904 hatte das Werk den Markennamen „Wartburg" zugunsten von Dixi aufgegeben. Das lateinische Wort bedeutet: Ich habe gesprochen. Als Kühlerfigur bzw. als Emblem fungierte zwischenzeitlich ein Kentaur. Das Fabelwesen besteht aus dem Oberkörper eines Mannes und dem Leib eines Pferdes.

EMW: Intermezzo in Eisenach

Nicht nur der Name EMW erinnert an BMW. Auch das weiß-rote Logo ist unverkennbar vom weiß-blauen BMW-Propeller inspiriert. Die Einführung einer neuen Marke war in Eisenach nach einem 1950 verlorenen Rechtsstreit unumgänglich geworden. Bis dahin hatte das Eisenacher Werk weiterhin Vorkriegsmodelle von BMW sowie ab 1949 den neu entwickelten „340" unter dem angestammten Namen produziert. Der bayerische Konzern ging im mittlerweile geteilten Deutschland juristisch dagegen vor. Die Marke EMW hatte nur kurz Bestand. Sie wurde 1955 durch „Wartburg" abgelöst.

Zehn Geschichten, die man (nicht) kennen muss

★ Die Frau eines Malers ist eifersüchtig

1512 freit Lucas Cranach eine Gothaerin namens Barbara Brengebier. Sie gilt als eifersüchtig. Deshalb bietet sie sich ihrem Mann als Körpermodell für dessen Aktbilder an. War es so? Schriftlich überliefert ist es nicht. Die Gemälde des Renaissance-Künstlers zeigen verschiedene Gesichter.

★ Die schwedische Königin erhält schlechte Nachrichten

1632 zieht Gustav II. Adolf mit seinem Heer von Deutschlands Südwesten gen Leipzig. Vorsorglich lässt der schwedische König seine Ehefrau in Erfurt zurück. Hier erfährt sie eine Woche später vom Tod ihres Mannes in der Schlacht bei Lützen.

★ Deutschlands ältester Nudelhersteller produziert noch immer

Johann Peter Belling ist Sohn eines Bierbrauers aus Stendal. 1793 erhält er in Erfurt das Bürgerrecht und gründet eine Nudelfabrik. Nach mehreren Eigentumswechseln geht aus ihr die heutige Erfurter Teigwaren GmbH hervor. Sie produziert rund 100.000 Tonnen pro Jahr.

★ Napoleon lauscht einem Stargeiger

1808 lädt Napoleon zum Fürstentreffen nach Erfurt. Der Zar, vier Könige, eine Königin, 28 Fürsten, elf Prinzen und eine Prinzessin finden sich ein. Stargeiger Paganini spielt auf Wunsch von Napoleons Schwester auf. Napoleon und der Zar führen Geheimverhandlungen zur Neuordnung des Kontinents.

★ Ein armer Schlucker erfindet die Weihnachtsbaumkugel

Not macht erfinderisch. Weil sich ein Lauschaer Glasbläser anno 1847 keine Walnüsse und Äpfel zum Schmücken des Christbaums leisten kann, bläst er Kugeln aus Glas und hängt sie in den Baum.

✳ Ein Mann namens Hase weiß von nichts

Die Redensart geht auf Karl Victor Hase zurück. 1855 verhilft der Jenaer in Heidelberg einem Kommilitonen zur Flucht, welcher im Duell einen Studenten getötet hatte. Als sich Hase vor Gericht verantworten muss, verweigert er die Aussage: „Mein Name ist Hase, ich verneine die Generalfragen, ich weiß von nichts." Er kommt ungeschoren davon.

✳ Ein Philosoph fällt in geistige Umnachtung

1890 wird Friedrich Nietzsche für drei Monate in die Jenaer Irrenanstalt aufgenommen. Es kommt zu einem Zwischenfall, als er angesichts der geschlossenen Badeanstalt in einer Straßenpfütze planscht. Der Philosoph erholt sich nie mehr und wird zum Pflegefall. Er stirbt 1900 in Weimar.

✳ Die Dietrich geht eine Liaison ein

Ab Oktober 1920 lässt sich Marlene Dietrich in Weimar als Geigerin ausbilden. Für Robert Reitz, Kapellmeister der Staatskapelle, ist der Privatunterricht ein Zubrot. Beide beginnen eine Affäre. Sie ist 19 Jahre, er 36. In Künstlerkreisen heißt es, die Dietrich sei ein frühreifes, lüsternes Weib. Nach drei Monaten kehrt sie nach Berlin zurück.

✳ Der stärkste Mann der Welt wird Kneipier

Er zieht Busse mit den Zähnen, hebt Straßenbahnen an und trägt Elefantenbabys auf den Schultern. 1930 gewinnt Milo Barus die Weltmeisterschaft der Kraftakrobaten. Fünf Mal verteidigt er seinen Titel. In den 1950ern übernimmt er in Stadtroda und Weißenborn (Saale-Holzland-Kreis) ein Lokal.

✳ Dr. House geht am Thüringer Stock

Seit 2004 stellt Dr. House das Bild vom Fernseharzt auf den Kopf. Der von Hugh Laurie verkörperte Mediziner ist zwar genial, aber auch kauzig und respektlos. Zu seinem Erscheinungsbild gehört, dass er Gehstöcke benutzt. Einige davon hat das Filmteam aus dem Stockmacherdorf Lindewerra (Eichsfeld) bezogen.

Thüringen. Eine Zeitreise

370.000 v.u.Z. Nahe Bilzingsleben (Landkreis Sömmerda) siedeln Urmenschen. Ihr Lager gilt als ältester konkret bekannter Wohnplatz der Menschheit.

200.000 v.u.Z. Im Gebiet des heutigen Weimar gehen archaische Homo sapiens auf die Jagd nach Waldelefanten. Die sterblichen Überreste von neun Individuen werden im frühen 20. Jahrhundert im Steinbruch von Ehringsdorf entdeckt.

451 In der Schlacht auf den Katalaunischen Feldern (Frankreich) bezwingen die Römer die Hunnen unter Attila. An der Seite des zentralasiatischen Reitervolks kämpfen Thüringer.

531 Die Franken fallen in Thüringen ein. Das Königreich geht nach einer Schlacht an der Unstrut unter.

742 Der Missionar Bonifatius gründet das Bistum Erfurt. In Briefen beklagt er das lasterhafte Leben vieler Geistlicher. Manche Diakone, so geißelt er, haben mehrere Beischläferinnen im Bett. Nicht minder empört ihn, dass gottgeweihte Jungfrauen den Wollüstigen zum Opfer fallen.

1404 „1 g vor darme czu brotwurstin", notiert ein Chronist im Rechnungsbuch des Arnstädter Jungfrauenklosters. Er hält fest, dass ein Groschen ausgegeben wurde, um Därme für Bratwürste zu kaufen. Diese Notiz ist die älteste bekannte Erwähnung der Thüringer Bratwurst.

1432 Die Weimarer Fleischhauersatzung legt fest, wie Bratwürste beschaffen sein müssen. Es darf nur frisches Fleisch verarbeitet werden, das frei von Schädlingen ist. Die Zugabe von Innereien ist verboten. Wer sich nicht daran hält, muss 24 Pfennige als Strafe zahlen. Das entspricht dem Tageslohn eines Handwerkers.

Adam Ries gibt in Erfurt das erste Rechenbuch in deutscher Sprache heraus. Die Redewendung „Das macht nach Adam Ries ..." ist noch immer populär.

1518 ....

Martin Luther übersetzt auf der Wartburg das Neue Testament vom Griechischen ins Deutsche.

1521/22 ....

Bei Bad Frankenhausen findet eine Entscheidungsschlacht des Bauernkriegs statt. Das fürstliche Heer gewinnt. Mehr als 6000 Bauern kommen ums Leben. Prominentester Gefangener ist Thomas Müntzer. Der Pfarrer wird vor der Stadt Mühlhausen enthauptet. Auf dem Frankenhäuser Schlachtberg erinnert ein Panoramagemälde von Werner Tübke an die Ereignisse. Eigens für das 1722 Quadratmeter große Bild wurde ein zylindrisches Gebäude errichtet.

1525 ....

Am 14. Oktober schlagen Napoleons Truppen ein preußisch-sächsisches Heer in der Schlacht bei Jena und Auerstedt. Erst 1814 ziehen die Franzosen vollständig aus Thüringen ab.

1806 ....

Rund 500 Studenten und Professoren versammeln sich zum Wartburgfest. Sie fordern den Aufbau eines deutschen Nationalstaats.

1817 ....

In Blankenburg (Landkreis Saalfeld-Rudolstadt) gründet Friedrich Fröbel den weltersten Kindergarten. Er fordert von den Erzieherinnen, dass sie die Kinder auf spielerische Weise auf ihr späteres Leben vorbereiten.

1840 ....

„I feel so at home here", vertraut die britische Königin Victoria am 2. September ihrem Tagebuch an. Ich fühle mich so heimisch hier. Gemeinsam mit ihrem Gemahl, Prinz Albert von Sachsen-Coburg und Gotha, hatte sie dessen Heimat besucht. Den

1845 ....

Familiennamen Sachsen-Gotha legt das Königshaus im Ersten Weltkrieg ab, um sich so von Deutschland als Kriegsgegner zu distanzieren.

1918 Die Novemberrevolution beginnt zwar nicht in Thüringen, dafür aber auf der „SMS Thüringen". Die Matrosen und Heizer des Kriegsschiffs meutern am 29. Oktober.

1919 In Weimar tritt die Deutsche Nationalversammlung zusammen; die Weimarer Republik entsteht. Ebenfalls in Weimar gründet Walter Gropius das Staatliche Bauhaus.

1920 Der Freistaat Thüringen gründet sich am 1. Mai. Weimar wird Landeshauptstadt.

1930 Erstmals in Deutschland gelangt ein Nationalsozialist in eine Landesregierung. Wilhelm Frick wird Innen- sowie Volksbildungsminister von Thüringen. Schon bald ergeht sein Erlass „Wider die Negerkultur für deutsches Volkstum". Im Bauhaus-Gebäude werden Kunstwerke zerstört bzw. übertüncht. Erst 50 Jahre später wird es gelingen, sie teilweise zu rekonstruieren.

1945 Am 3. und 4. April bombardieren britische Flugzeuge die Stadt Nordhausen. 8.800 Menschen sterben. Eine Woche später befreit die US-Armee Thüringen. Zwei Monate nach der deutschen Kapitulation ziehen sich die Amerikaner zurück in den Westen und Süden Deutschlands. Die Aufteilung des Territoriums in vier Besatzungszonen war bereits während des Krieges zwischen den Alliierten vereinbart worden. Thüringen fällt im Juli unter sowjetische Oberhoheit und geht 1949 in der DDR auf.

1952 Die DDR-Regierung ordnet an, eine Sperrzone entlang der Westgrenze zu errichten. Mehr als 5000 Thüringer werden im Rahmen der „Aktion Ungeziefer" umgesiedelt. Sie gelten als politisch unzuverlässig. Wenig später gliedert die DDR ihr Staatsgebiet neu. Aus dem Land Thüringen gehen drei Bezirke hervor: Gera, Suhl und Erfurt. Weimar verliert den Status der Landeshauptstadt.

„Willy Brandt ans Fenster!" Auf dem Vorplatz des Erfurter Hauptbahnhofs skandieren Hunderte diesen Ruf. Im Hotel „Erfurter Hof" findet ein deutsch-deutsches Gipfeltreffen statt. Der Vorsitzende des Ministerrates der DDR, Willi Stoph, empfängt Bundeskanzler Willy Brandt. 20 Jahre später fragt sich Brandt: „Der Tag von Erfurt. Gab es einen in meinem Leben, der emotionsgeladener gewesen wäre?"

1970 ....

Das geteilte Deutschland vereinigt sich. Der Freistaat Thüringen entsteht neu. Erfurt wird Landeshauptstadt.

1990 ....

Bei der Durchsuchung einer Garage in Jena entdecken Polizisten eine Bombenwerkstatt. Die Hauptverdächtigen sind Jugendliche. Sie tauchen unter und bilden die rechtsextreme Terrorgruppe NSU. Sie ermorden zehn Menschen, begehen drei Sprengstoffanschläge sowie 15 Raubüberfälle. Erst 2011 endet die Verbrechensserie mit dem Tod der beiden Haupttäter. Ihre Komplizin wird zu lebenslanger Haft verurteilt.

1998 ....

Der 26. April wird zu Erfurts schwarzem Freitag. Ein ehemaliger Schüler dringt in das Gutenberg-Gymnasium ein. Er ermordet 12 Lehrer, zwei Schüler, einen Polizisten, eine Sekretärin und tötet sich selbst. Die Stadt steht unter Schock; die Aufarbeitung dauert Jahre.

2002 ....

Gera und Ronneburg richten die Bundesgartenschau aus. 1,5 Millionen Gäste werden gezählt.

2007 ....

Erfurt ist Gastgeber der Bundesgartenschau. Trotz Pandemie kommen erneut 1,5 Millionen.

2021 ....

Das Quiz für echte Thüringen-Experten

1. Die Einwohnerzahl Thüringens ist seit 1990 …

a) … stark gesunken
b) … leicht gestiegen
c) … nahezu unverändert

2. Wie heißt die kleinste Stadt Thüringens?

a) Kleinballhausen
b) Ummerstadt
c) Großheringen

3. Wer ist der größte Arbeitgeber im Land?

a) öffentlicher Dienst
b) Deutsche Bahn
c) Jenoptik AG

4. Welche Region hat die umsatzstärksten Industriebetriebe?

a) Saale-Holzland-Kreis
b) Stadt Erfurt
c) Wartburgkreis

5. Wann gründete sich der Freistaat Thüringen erstmals?

a) 1945
b) 1871
c) 1920

6. Wie viele Sterne hat das heutige Landeswappen?

a) acht
b) neun
c) zehn

7. Wer führte den Löwen bereits im 13. Jahrhundert im Wappen?

a) Walter von der Vogelweide
b) Thüringer Landgrafen
c) Martin Luther

8. Was bedeutet der Name der ältesten hier lebenden Menschen, Homo erectus?

a) Höhlen bewohnend
b) Affen ähnlich
c) aufrecht gehend

9. Welche Tiere aß Homo erectus bevorzugt?

a) Waldelefanten
b) Thüringer Waldesel
c) Waldnashörner

10. Wie heißt die rekonstruierte Wehrsiedlung in Westgreußen?

a) Steinsburg
b) Funkenburg
c) Holzhausen

11. Welchen Tieren verdanken die Thüringer ihre Ersterwähnung?

a) Pferden
b) Falken
c) Löwen

12. Mit wem waren die Thüringer im 5. Jahrhundert verbündet?

a) Römer
b) Hunnen
c) Griechen

13. Woran starb der letzte Thüringer König?

a) Gicht
b) Sturz vom Pferd
c) Mord

14. Prinzessin Radegunde wurde …

a) … Königin
b) … Nonne
c) … heiliggesprochen

15. Wem wird die Erfindung der Thüringer Klöße zugeschrieben?

a) Kaiser Barbarossa
b) Frau Holle
c) Ritter Tannhäuser

16. Die Heilige Elisabeth war Thüringer Landgräfin und …

a) … ungarische Königstochter
b) … angelsächsische Herzogin
c) … Sultanstochter

17. Welchen Beinamen tragen die Heiligenstädter?

a) Schneckenhengste
b) Möhrenkönige
c) Feldgieker

18. Wer verewigte den Sängerkrieg in einer Oper?

a) Wolfgang Amadeus Mozart
b) Ludwig van Beethoven
c) Richard Wagner

19. Was ist der Alecktrüogallonax?

a) Hohenwarte-Stausee
b) Szenekneipe in Apolda
c) Kickelhahn

20. Welches Gedicht schrieb Goethe am Kickelhahn?

a) Der getreue Eckart
b) Erlkönig
c) Wandrers Nachtlied

21. Welcher Berg ist der höchste in Thüringen?

a) Schneekopf
b) Großer Beerberg
c) Inselsberg

22. Welches Instrument bevorzugte Herbert Roth?

a) Akkordeon
b) Geige
c) Waldhorn

23. Wer schrieb das Lied „Hoch auf dem gelben Wagen"?

a) Friedrich Schiller
b) Clemens Brentano
c) Rudolf Baumbach

24. Wo in Thüringen wurde „Der Medicus" gedreht?

a) Burg Posterstein
b) Burg Hanstein
c) Burg Greifenstein

25. Welchen Namen nahm Luther auf der Wartburg an?

a) Junker Jörg
b) Ritter Philipp
c) Bruder Martin

26. Wer wurde in Weimar vier Wochen arrestiert?

a) Franz Liszt
b) Johann Sebastian Bach
c) Friedrich Nietzsche

27. Was ist eine Thüringer Schwalbe?

a) Taubenart
b) Schmalzgebäck
c) Fachwerk

28. Wie heißt das erste Thüringer Automobil?

a) Freia
b) Loreley
c) Victoria

29. Wo baute BMW erstmals Autos?

a) Erfurt
b) Eisenach
c) Gotha

30. Die erste Landeshauptstadt war …

a) … Rudolstadt
b) … Weimar
c) … Sondershausen

Quiz-Lösungen

· · · · · · · ·

30 b	15 b
29 b	14 a, b und c
28 c	13 c
27 a	12 b
26 b	11 a
25 a	10 b
24 b	9 a und c
23 c	8 c
22 a	7 b
21 b	6 a
20 c	5 c
19 c	4 c
18 c	3 a
17 b	2 b
16 a	1 a

Zitate

. . . .

„Weimar hat, wie man scherzhafterweise sagt, zehntausend Poeten und einige Einwohner."
    Johann Wolfgang von Goethe

„Wenn nicht hin und wieder ein Vogel im Gebüsch zirpt, ist's hier oben still und verwunschen wie in einem Märchenwald."
    August Trinius über den Rennsteig

„Die Erfurter Universität ist meine Mutter, der ich Ehrerbietung schulde."
    Martin Luther

„Ich führe ein behaglicheres Leben in Jena als in Weimar oder sonst irgendwo."
    Friedrich Schiller

„Ich habe seit meiner Jugend so viel vom Eichsfeld gehört, dass ich dachte, ich muss es unbedingt einmal sehen."
    Papst Benedikt XVI.

„Die Aussicht vom Trippstein ist eine der hübschesten Deutschlands und wohl die malerischste Thüringens."
    Karl Emil Franzos über das Schwarzatal

„O Thüringer Wald! Du hast einen Klang, eine Welt von Stimmen und Tönen."
    Hans Christian Andersen

KORN, KÄSE UND KANARIS

Warum ist der Harz das höchste Gebirge Hollands? Was verbindet den Harz mit Brasilien? Und warum steht ausgerechnet im Harz die Wiege der Kornbrennerei?

Der Band bietet überraschende Fragen und profunde Antworten.

Entdecken Sie den Harz ganz neu!

Thomas Müller
Der Harz
Populäre Irrtümer und andere Wahrheiten

120 Seiten, zahlr. farb. Abbildungen
Klappenbroschur, 16,95 €
ISBN 978-3-8375-2400-0